THE BUSINESS OF BUILDING A
BETTER
W●RLD
THE LEADERSHIP REVOLUTION THAT IS
CHANGING EVERYTHING

企业向善
实现再次繁荣的领导力革命

[美] 戴维·库佩德 　[美] 奥黛丽·塞利安 编
（David Cooperrider）　（Audrey Selian）

张　翎 译

中国科学技术出版社

·北　京·

北京市版权局著作权合同登记　图字：01-2022-0723。

图书在版编目（CIP）数据

企业向善：实现再次繁荣的领导力革命 / （美）戴维·库佩德（David Cooperrider），（美）奥黛丽·塞利安（Audrey Selian）编；张翎译 . — 北京：中国科学技术出版社，2023.6

书名原文：THE BUSINESS OF BUILDING A BETTER WORLD：THE LEADERSHIP REVOLUTION THAT IS CHANGING EVERYTHING

ISBN 978-7-5046-9959-6

Ⅰ . ①企… Ⅱ . ①戴… ②奥… ③张… Ⅲ . ①企业管理 Ⅳ . ① F272

中国国家版本馆 CIP 数据核字（2023）第 078699 号

策划编辑	杜凡如　陈　思	**责任编辑**	陈　思
封面设计	马筱琨	**版式设计**	蚂蚁设计
责任校对	张晓莉	**责任印制**	李晓霖

出　　版	中国科学技术出版社
发　　行	中国科学技术出版社有限公司发行部
地　　址	北京市海淀区中关村南大街 16 号
邮　　编	100081
发行电话	010-62173865
传　　真	010-62173081
网　　址	http://www.cspbooks.com.cn

开　　本	880mm × 1230mm　1/32
字　　数	160 千字
印　　张	8.75
版　　次	2023 年 6 月第 1 版
印　　次	2023 年 6 月第 1 次印刷
印　　刷	北京盛通印刷股份有限公司
书　　号	ISBN 978-7-5046-9959-6/F·1144
定　　价	69.00 元

气候变化是当今时代最大的挑战。它威胁着人类的生活方式、适应能力和生存安全。虽然言语可以激发灵感，但行动才能推动变革，给未来带来希望。鉴于你拿起了这本书，相信你一定也这样想。

我们正在经历一个关键的十年。或许，这将是人类历史上最重要的十年。我们的选择和行动，将是历史铭记我们的原因。

不妨问问自己，在这十年中，你将做出何种选择？

我们会选择担当，用我们心中正确的价值观掀起变革，激发出我们心底最深处的人性。这促使我们站在人民这一边，为创建一个更加绿色、更加公平的世界，贡献出自己的力量；为自己的家人、社会和子孙后代保护地球家园，实现可持续发展。不论作为个人还是企业管理者，都是在价值观的指引下寻求发展，因为一切企业活动都没有超出地球的边界，假如社会契约遭到破坏，企业的发展机会只能越来越渺茫。

现在的我们，比任何时候都更需要以价值观为导向的领导力，因为气候变化正在加速，多种全球危机接连爆发，百年一遇的全球疫情、经济动荡、社交媒体危机、不平等加剧、公信力下降等。

然而，在世界各地，一直困扰着企业高管的却是领导力领域的从众危机[①]。《财富》500强企业中，90%的企业总裁是白人，黑人女性总裁仅有两人。从全球来看，女性在董事会中的人数占比仅为五分之一。除了少数例外，企业的领导者远远没有体现出多样性。新冠疫情让现状雪上加霜，不仅极大地威胁着有色人种的经济安全，还让性别平等倒退了25年。从众危机也延伸到了领导者身上，不论他们的性别、种族如何或能力如何，他们都在坚持着过去缺乏价值观引导的激励结构，具体做法往往就是不作为。当我们在改变企业领导者时，我们改变的，其实是企业经营方式本身。

平心而论，确实有很多心怀天下的领导者。他们每天都在创造机会，给世界带来积极影响和改变。能有幸与这么多卓越的领导者合作，我深感荣幸。可是，如果我们后退一步，将目光投向经济体制层面时，我们就会看到世界正面临着一种完全支离破碎的经济模式。我们的经济体制尚未做好准备去缓解今天错综复杂的危机局面，更别提彻底解决了。面对诸多不平等的社会现象和社会契约的破坏，我们的经济体制负有不可推卸的责任。

新冠疫情除了带来巨大困难和生命损失之外，也为我们开

---

① 从众行为引发的集体性危机。——编者注

了一扇狭窄的窗口，给了我们一个重新想象和设计经济体制、追求繁荣、实现担当的机会。为了实现这一成果，需要我们对经济进行重构，需要领导者拿出魄力，开展跨行业、跨部门的全面合作。让我们打造一个全新的经济模式，将人性放在其核心位置，及时纠正错误规则，实现2030年可持续发展议程，兑现我们签署《巴黎气候协定》时的承诺。

我们有太多想法想告诉读者们了，所以请原谅我们到现在还没自我介绍。2013年，理查德·布兰森（Richard Branson）和约亨·施密特（Jochen Schmidt）共同创建了共益①团队，致力于推动跨企业、跨政府合作，解决一系列最棘手的全球挑战。今天，作为一家民间组织的全球首席执行官和领导者，我们最需要搞清楚的是，子孙后代需要我们在当下做些什么。我们呼吁更好的企业经营方式，其重点就是要使全球经济活动不超越地球环境可承受的边界，让企业领导层体现出公平性，实现公司治理的透明化。我们的总体目标是，到2030年，打造一个包容的经济体系，让所有人、所有社区都从中受益，同时保护我们的自然环境。

在追求这一目标的过程中，我们召集了企业、员工、民间组织和政府的领导者，共襄盛举。我们相互开展了深度合作，志

---

① "共益"概念较常用在"共益企业"的概念中，由英文单词Benefit缩写为字母B，代表一种不再把股东利益最大化当作唯一目标，认为企业的社会影响和环境影响同样重要的经营价值观。——编者注

同道合的领导者向我们分享了世界各地的创新故事，也坦诚地反思了正在经历的困难与挫折。我们目标明确：积极参与公共决策和企业决策过程，推广新的规范和激励措施，提高企业的经营底线。在铭记使命的同时，利用平台优势，努力成为推动未来的领导者，就像我们今天加速推动变革一样。

我们迫切希望，在未来的世界中，不平等将被消灭，公平将成为准则，企业的责任心和诚信将成为企业蓬勃兴旺的关键，经济将实现可再生发展，全世界的劳动力都将获得公平对待。

幸运的是，我们有许多指路明灯，为我们照亮前路。在本书中，戴维·库佩德（David Cooperrider）和奥黛丽·塞利安（Audrey Selian）博采众长，汇编了一批思想领袖和当代最具前瞻性的首席执行官的文章，为读者带来了大胆想象、实证研究和行动建议。此外，本书不只关乎预见未来，还能帮助志存高远的领导者重塑未来。正如联合利华公司前首席执行官、共益团队负责人保罗·波尔曼（Paul Polman）在本书开篇写道的：

我们所见证的，是一场全方位、不可逆的快速转型，它将延伸到世界的每个角落，覆盖企业经营的方方面面。我们所见证的，是一个被企业日益分化的世界，有些企业本身就是问题的一部分，另一些企业则致力于寻找这些问题的解决方案。

在本书中，来自全球各地的作者强调了，只有企业领导者大胆进取，才能推动包容经济的发展，而带头推动变革的人也将受益匪浅。不论你是行业巨头领导者，还是初露头角的企业家，都能从书中获取智慧和灵感。

我们希望，你们读这本书的目的，是为了呼吁大家采取行动，应对迫在眉睫的历史挑战。世界危机频发，错综复杂，社会经济的挑战将影响好几代人。我们的经济模式出了问题，但如果世界各地的企业能够从此刻起，勇于担当、相互合作，我们就可以创建一个更美好的世界。在这十年中，领导者手里的新脚本可以掀起变革。让我们鼓起勇气，提高我们的领导力，共同迎接这一时刻的到来。

21世纪的领导者有能力在加速创新的同时降低风险。他们遵循科学方法，认可领导多样性是一种竞争优势，也是变革带来的根本好处。他们理解，我们所剩的时间不多了，子孙后代都指望着我们，历史也在看我们的表现。

你们将选择如何领导企业？历史又将如何铭记你们呢？

宜家集团总裁杰斯帕·布罗顿（Jesper Brodin）
共益团队总裁海拉·托马斯多特（Halla Tómasdóttir）

目录

概述

一 企业的登月时刻与当今重大经济机遇

　　每当深刻变革与颠覆传统的时代来临，必然会诞生新的思潮，这是人类最伟大的天赋之一。在这样的时刻，人类往往能够创造历史，拥抱新的可能性，迎接新的时代。纵观商业发展史，此刻的我们，是否也正在谱写新的篇章呢？

　　本书的根本目的在于，研究推动"企业向善"的全新管理逻辑，探索企业加强变革、参与创建更美好商业未来的多种方式；这些举措反过来，也成了"企业做大做强"的催化剂。此外，本书还介绍了许多业界的创新做法，有助于在企业内部掀起新一轮创新和业绩提升浪潮，实现全面繁荣。企业的蓬勃发展，是每一位领导者都梦寐以求的。正如我们所见，在蓬勃发展的企业中，员工们每天都有新的收获，都能以最佳状态，全身心地投入到工作之中。创新无处不在、层出不穷，最重要的是，这样的企业能够为所有利益相关者持续创造价值，打破客户、社区、股东和社会之间死气沉沉的关系，最终打造一个欣欣向荣的生态体系。

变革已近在咫尺

深入研究企业与社会的关系，追求产业发展与全球深刻变革之间的相辅相成和相互促进，是21世纪的重大经济课题。我们所处的这个时代，正是科学家们口中的"关键十年"。人类和地球所面临的各种风险，已经高到无以复加。21世纪20年代伊始，我们就见证了史无前例的天灾人祸。这些事件就像地震仪的刻度盘一样，令人瞠目结舌。2019年至2020年，澳大利亚发生丛林大火；2020年3月，全球暴发新冠疫情；4月，世界经济崩溃导致企业破产，数百万人失业；6月之后，世界各地关于结构性种族主义和包容性缺失的抗议活动此消彼长。就在同年2月，从数百万80后、90后和00后中脱颖而出的多位青年领袖发出了自己的呐喊，其中包括来自全世界的700多万青年先锋。对他们而言，气候渐进主义的时代已然终结。年轻一代正越来越多地参与到全球领导人的高级别会谈中。从联合国总部到瑞士达沃斯，成千上万的企业领导者齐聚世界经济论坛。年轻一代正在为"环境危机"大声疾呼，慷慨陈词堪比战时动员。青年们敦促每个人正视科研论文中的实验数据，关注《生物科学》这本期刊上的请愿书，该请愿书由数万名科学家联名签署。他们直言不讳地表示，自己的诉求是为人类带来一场深刻变革。

可以肯定的是，这样的呼声并非个案。有许多企业高管都认为，各种社会力量正在被逐步调动起来，这种趋势已不可逆转。例如，2021年，黑岩集团（BlackRock）的首席执行官拉里·芬克（Larry Fink）曾在华尔街前公开表示，在气候行动的推动下，"金融体系的彻底重构已迫在眉睫"。这话不是出自科学家或环保主义者之口，而是资产规模超过70000亿美元的全球最大资产管理公司总裁经过思考得出的结论。而最重要的是，这种演变的轨迹，根本就不是一两页纸可以讲清楚的。在过去10年中，全球可持续定向资产管理业务规模增加了两倍，达到了40万亿美元。这代表着，现在每投资4美元，就有1美元用于该类定向投资。

没错，现在整个商界都在积极开展颠覆性创新。在绝大多数情况下，这些举措也的确推动了企业的业绩提升，且提升速度极快。以丰田汽车为例，目前，该公司正着力推广"净正城市"项目。"净正城市"是指利用人工智能和生物技术，让城市改头换面；因地制宜，变废为宝；提倡零碳出行方式；甚至将提高人们呼吸的空气质量作为企业的发展目标，使该城市向世界产出的清洁能源，大于其自身的能源消耗。联合利华集团（Unilever）、达能集团（Danone）、西太平洋银行（Westpac）、格莱珉银行（Grameen Bank）、莱利银行（Nedbank）和灰石烘焙公司（Greystone Bakeries）等企业将理论与实践相结合，从金字塔底层推进创新，实行追求社会效益的企业发展战略，向世人展示了如何通过发扬企业家的进取精神，创造普惠繁荣，实现红利共享，提供更多体面的就业机会，进而消除贫困和社会不平等。数以千计的企业创新倡议如雨后春笋般涌现，其中不乏一些小型企业，例如印度拉贾斯坦邦的前沿市场公司（Frontier Markets）、孟买的阿卡尔创新公司（Aakar Innovations）和奥里萨邦的春天心理健康公司（Springhealth）等。它们迎难而上，凭借大型企业无法想象的热情，为弱势群体主动提供服务，解决众所周知的"最后一公里"问题。成长型企业也纷纷加入了倡议行列。例如，梅拉手艺人公司（Mela Artisans）致力于打造公益品牌，为印度的传统手艺人提供可持续的生计来源；与此同时，数百家营利性医疗科技初创公司正在尽快打造平价医疗环境，将完善医疗卫生体系作为其共同使命，比如巴拉克影响力公司（Baraka Impact）投资的多家伞形公司。特拉回收公司（Terra Cycle），纳辛纽环保运动鞋（Nothing New），耐克（Nike）和英特飞地毯（Interface）等公司在设计产品时，均将未来的循环经济模式纳入考量，产品用旧了也不会被浪费，而是作为"原料或营养"，通过共生的循环经济创造更有价值的财富。这些公司利用数字技术，打破物质形态的界限，让经济发展与环境污染脱钩，打造可循环利用的共生经济。此外，太阳能食品公司（Solar Foods）等企业的创举颠覆了整个行业，验证了熊彼特（Schumpeter）提出的"创造性破坏之风"的巨大潜力。这些了不起的创业故事虽然鲜为人知，但不论从任何角度，都算得上是"最伟大的经济转型"，它们不仅预示了将当前土地产出率提高两万倍的可能性，还推动了人类为美好愿景而奋斗的脚步。届时，人类只需利用地球上极少的耕地，就能让所有人都吃上饱饭。

所以，在当今这个时代，最重要的管理创新案例不光着眼于有效刺激企业自身的发展，更致力于快速提升行业的整体影响力，实现学者和企业高管提出的"大社区"（megacommunities）发展。以联合国可持续发展全球投资者联盟为例，该组织管理的资产总规模超过160000亿美元，在投资战略上，联盟也优先向全球各行各业以可持续发展为目标的项目倾斜。2021年，全球有200多家公司加速推出了环保举措。苹果公司、丹麦绿色能源公司奥斯特德（Orsted）、南非沃尔沃斯（Woolworths South Africa）、赛富时（Salesforce）、巴塔哥尼亚（Patagonia）、特斯拉、联合利华、施耐德电气（Schneider）、塔塔（Tata）、谷歌、李维斯（Levi Strauss）、微软和宜家等多家企业，已率先开始向100%使用可再生能源的企业全面转型。此外，2021年，来自36个国家的数百家企业先后加入了联合国的"企业雄心助力1.5摄氏度限温目标行动"，此行动动员了580万员工，力争在2050年之前，通过雄心闭环[①]（Ambition Loop），实现联合国全球契约组织提出的净零排放目标。在过去数月中，全球承诺净零排放的企业已经增至1500多家。我们都知道，在世界上的某些地方，这样的未来已来临。微软、英特飞地毯、联合利华、巴西美妆集团纳图拉（Natura&Co），还有更多企业都在制定更高标准，并远远超出了联合国可持续发展议程中"减少伤害"的要求。

上述案例体现了发展的潮流和大趋势，几乎在一夜之间，就为人们勾勒出了转型的轨迹。事实上，在本书的筹备过程中，我们有幸与引领这场商业转型的企业先锋们面对面交流。目前，在福勒企业向善中心的庞大数据库中，已经存储了6000多次精英访谈，且数量还在持续增加。这些访谈不仅涉及企业家们的远大梦想，更包括了案例分析，详细研究了实干家们的大胆实践和远见卓识。联合利华前首席执行官兼国际商会主席保罗·波尔曼在一次采访中，以精辟的见解和乐观的态度，谈到了联合利华这些年来的行业领先表现和卓越成就。在谈到"结构性转变"时，他指出，这不是一小步，而是从工业时代商业范式向其后继者的一次飞跃。他断言：

> 我们所见证的，是一场全方位、不可逆的快速转

[①] 联合国全球契约组织（UNGC）提出的积极的反馈循环，通过企业的雄心勃勃的气候政策，大胆的政府政策和私营公司的领导相辅相成，共同将气候行动提升到一个新的水平。

型,它将延伸到世界的每个角落,覆盖企业经营的方方面面。我们所见证的,是一个被企业日益分化的世界,有些企业本身就是问题的一部分,另一些企业则致力于动员当今时代中一切可以团结的力量,寻找这些问题的解决方案。我们所见证的,是一种更复杂的新商业逻辑的诞生,它不但能创造更高的价值,带来更多的财富,还能打造21世纪的一流企业平台。这些企业不仅能赢得客户和股东喜爱,被其他同行当作楷模效仿,还能被那些关心地球未来更多个"关键十年"的人们所称颂。

无论我们是否做好了准备,未来都会马上到来。有人认为,我们正在经历一场全球范围内的解决方案革命。还有人认为,这是新使命经济(new mission economy)的一次崛起。不论我们如何命名这个时代,都必然会有人赢,有人输。深刻的企业转型必然会发生,当然,发生时间会有先有后。和所有的革命开端一样,起初,它或许只是不起眼的小创新,犹如火种,分散在不同的企业当中。而后,星星之火会从企业蔓延到全社会,直到火焰像奥林匹克圣火那般熊熊燃烧,永远改变我们对卓越的理解。

欢迎您加入我们的旅程,共同回应时代的召唤。本书立意高远、锐意进取、激励创新,每一章的作者都拥有丰富的企业管理经验,都对经营管理和企业向善有着深刻的见解。

我们的旅程

本书旨在为行业领导者、企业家、变革推动者、公司高管、实践学者和未来的青年经理人提供指导，并引领他们加入保罗·波尔曼提出的"解决方案革命"。本书介绍了最近涌现的企业管理新逻辑，帮助企业梳理如何适应未来、投身未来和打造未来，创造共享价值和再生价值，关注代际问题和世界变化，激发企业更大潜能，打造更加美好的繁荣未来。本书分为3大部分、17个章节，所涉及概念如图1.1所示。该图以双轴模型的形式，列出了每个概念的定义，以及引导企业通过"向善行动"（outbehavior），实现"业绩增长"（outperformance）的具体措施。

总体而言，本书各章共有一个相同的天然立场，即企业的根本目的在于创建一个更美好的世界。面对千载难逢的机遇，企业通过优势合作和向善行动，能实现业绩增长，进而在商业竞争中脱颖而出。此外，本书还通过全新角度和概念，探讨了企业如何凝聚成一个推动变革的"外部"平台，以及如何产生立竿见影的效果，从而激发企业"内部"活力，最终找到效果最好且可以复制的企业成功之路。

如图1.1所示，右侧列出的，是一块崭新的"管理大陆"。目前，这些管理逻辑在很大程度上并没有被充分认识、分析和开发，但却蕴藏着巨大的潜力。

企业做大做强 ＋ 企业向善

创造共享价值：
以追求企业股东和利益相关者利益为目标，实现业绩胜出

厚利值——多种资本财富管理：
股东友系合理值：品牌形象管理创新，文化价值和自然资本创新等，包括各类有形及无形资产。

以人为本的企业家精神：
将组织构成从自然主义转变为完全的人性化。

产品和市场深度影响改革：
在每一个全球问题的表象之下，都隐藏着产生净正效应的生产方式——我们必须重新认识需求和产品以及客户的喜爱和认可。

颠覆循环：
从规模效率向循环效率转变，通过技术创新减少生产过程中的物质投入，改进设计。

极端透明的优势：
提倡信息的极端透明公开，让市场更加真实。

再生型经济中，领军企业的竞争优势来源

镜像繁荣

打造创建更美好世界的企业平台：
拥抱使命经济，践行卓越善举

有预见性的全球化培育：
以10倍比例放大学习、分享，开放创新以及野心带来的卓越成效。

三赢创新带来的新影响：
发展三赢合作关系，开启价值源泉和登月动力。

发展使命经济，构建商业社区：
通过B2B模式扩大企业优势，推动系统性改革。

加强社群聚集和C联通：
加快社区优化与联通，促进再生型经济发展，让每个人从中受益。

改善和提升人类生活质量：
邀请客户和利益相关者加入企业平台，促进共同繁荣，有的放矢，自觉发挥领导作用。

企业作为全球利益代理人，成为合作优势的来源

图1.1 镜像繁荣双轴模型图

① B2B模式：指企业与企业之间通过互联网进行产品、服务及信息的交换的营销模式。——编者注

当然，在宏观管理框架之下，还有许多不同的管理侧重点。本书每一章都将选取一个或多个侧重点，通过分析主要案例、数据集及发展趋势，详细探讨更深层的企业管理逻辑。为了提前勾勒出贯穿本书的明确主线，在所有管理因素之间建立良性循环，加强彼此呼应，在这里先将本书的内容大致归为三重视角或三大思路：①研究使命经济（mission economy）的最新动力；②打造企业向善的积极制度或聚力平台；③打开格局，探索高级领导力的新前沿，激发企业内部活力。下面，让我们先来谈一谈使命经济。

使命经济：为何如此充满活力？

纵观经济发展史，商业逻辑出现划时代的转变，往往是为了适应某些根本性变化，比如"企业生存环境"的转变，具体就包括社会预期、生态系统和经济转型的结构性变化，以及世界的整体动态变化等。20世纪的经验表明，企业是很难从内部发生变化的。相反，企业的外部变化，才是最有可能触发企业发展目标、组织设计和重点任务根本转型的动因。瘟疫或战争这类"黑天鹅事件"具有巨大的能量，是变革的催化剂。但人们容易忽视的是思想的转变，或人类理想的升华也会带来根本性的改变。这正是使命经济研究的意义所在。与黑天鹅事件一样，使命经济同样可以推动社会发生巨变。

此外，新生代经济理论学家的研究表明，要想激发经济体系的最大活力、技术创新潜力和适应能力，实现全面经济繁荣，体现全方位人性化管理，让每个人都能从中受益，企业就必须在践行使命经济的同时释放企业家精神，实现三赢。何以见得呢？因为这是基于一百多个企业案例分析得出的结论，这些企业来自不同国家和不同文化，遍布几乎所有大洲。肯尼迪总统时期的登月事件就是其中的重点案例之一。时至今日，我们依然为肯尼迪提到的使命经济而深深感动。他曾说过："我们选择花十年时间，去完成登月和相关任务，并不是因为这些事情很简单，而是因为，虽然它很难完成，但其成功能够锻炼并检验我们是否具备最好的能力和技术。所以，我们愿意接受这样困难的挑战，不想去拖延或推迟它。"登月的英文是"moonshot"，本身也有"希望渺茫"的含义。但是现在，越来越多的人开始用它来形容艰巨而崇高的任务。换言之，登月是人类的"一次巨大飞跃"。那么，经济学家们通过研究企业"登月"案例，对使命经济又有何新发现呢？

首先，使命让社会经济引擎、企业家精神、共生联盟与合作关系产生了共振，形成了组织上和技术上的变革动力。将人类送上月球的创举取得了前所未有的回报，产生了广泛而出人意料的衍生效应，催生了全新的市场和行业。它提升了美国人民的民族自豪感，激发了他们的创业灵感、对成功的渴望、对意义的追求和相互合作的意愿，不仅刺激经济生产屡创新高，还为全人类创造了广泛利益。阿波罗登月计划大获成功的同时，人类也经历了互联网的诞生和发展。此外，小型计算机、纳米技术、清洁能源等科技创新不胜枚举。作为共同利益和商业进步的催化剂，仅互联网的发展，就创造了上千万家新公司和数百万个就业机会。

正是秉持着这种精神，本书多个章节中也提到了一场全人类的伟大工程，正在有条不紊地开展。其声势之大，程度之深，放在十年前是完全无法想象的。人类登月成功的模式所提供的视角，为今天的我们提供了借鉴与灵感，促使我们追求全球发展目标，推进"地球奋斗计划"（earthshots）。为避免气候变化带来最糟的结果，全世界必须在2030年实现减排45%，争取在2050年实现净零排放。要实现这一目标，需要方方面面的投入和创新，其难度不亚于创建智慧城市、改造大型移动产业、发展可再生能源经济、创新循环和可再生能源技术、利用废料创造财富、建设可再生农业和新型食品体系。这些全都是使命经济的标志性任务。

本书作者共列举了17个"地球奋斗计划"案例。可持续发展目标案例的快速涌现，加速推动了这场有史以来最伟大的工程，其规模和迫切性，甚至比修复臭氧层还要重要。就连马歇尔计划和登月这样的人类壮举，都无法与之相提并论。

如图1.1所示，新兴的使命经济既是一个大趋势，也是商业理论中，考察高级领导力的一个新视角。该趋势推动了表格右侧列出的"创造共享价值"，阐释了其背后的原因，描绘了注重可持续发展的再生型企业的崛起。只有领悟了使命经济的动态影响，才能更好地理解本书中的许多内容。

共享价值是一种较新的企业逻辑，使命经济也是一种尚无定义的全新管理核心，这两者为何会突然一起爆发，让企业组织走到台前，成为企业践行向善行动和实现业绩增长的强大平台呢？

不妨从向善行动说起，它包含多层重要含义。首先，多弗·塞德曼（Dov Seidman）在2007年写过的一本书，他称其为一本关注"现状"的书，而非指导"行动"的书。书中指出，当今世界充分互联、极度透明，"企业个体行为"已经不复存在了。在网络经济中，一家企业寄望于单靠主业而取得成功，已经变得越来越难了。用不了多久，就会有其他人生产相同的产品，或提供相同的服务，而且做得比你更好，成本比你更低。人们可以随时对产品的价格、优势和服务质量进行比较，很快便将你的主打产品做成爆款。在不同企业之间，该商品的差异也会越来越小，甚至没有差异。"与众不同"不再是一种长期属性。沃尔玛超市的价格很便宜，开市客超市用多长时间能够赶上它呢？应该不用太久。

不过，企业还面临一个巨大的变数，与业绩增长没有太大关系，但与向善行动息息相关。今天，人人渴望信任，追求希望。大家对"现状"的关注与日俱增。对世界注入个性的力量，比如诚实、正直、希望、灵感，对社会注入更多的人性、公平、勇气、智慧，都是企业的向善行动。今天企业所做的每一件功德，可以永远在网上查到，这对企业没有坏处。不论是线上还是线下，人们谈到企业，最先想到的都是它的口碑。

因此，虽然单词"向善行动"（outbehave）不像"业绩增长"（outperform）、"以智取胜"（outfox）或"以产量取胜"（outproduce），能够在字典中查到，但我们认为，此类新词意义重大。要想研究企业如何在"行为"方式上脱颖而出，我们需要这样的新词。文字创造世界。塞德曼明确指出："我们知道如何在开支和创意上打败竞争对手，但如何在行为上超过他们，我们却知之甚少。谁能给我举个例子，有哪位风险投资人会问企业家，'你打算如何实现企业社会价值的最大化？'假如有人这样问，我很乐意投资他们的基金。"在21世纪，从行为上超越对手，会不会是企业走向成功、实现价值的必由之路呢？是不是只有这条路，才能引导企业做大做强，实现高质量发展呢？

向善行动的第二层含义更加关键。哈佛大学的管理学教授罗莎贝斯·莫斯·坎特（Rosa beth Moss Kanter）的新作《打开格局：高级领导者如何通过步步创新来改变世界》，将我们对领导力的理解提升到了新的高度。过去人们认为，公司好比是一座防御型城堡，而现在的新观点认为，企业应打开格局，让世界变得更美好。对于坎特（本书第三章作者之一）而言，企业领导者接下来应打开格局、放手创新，做好企业与社会的衔接，成为全球利益的代理人。此外，她还认为，这种创新是经济价值和人文价值的一种形式，虽然没有得到应有的讨论和重视，但向善行动其实可作为企业的新型业绩。其原因在于，业绩优秀的企业都会注重促进员工队伍的多样性。

现在，正是部署新的全球领导力量的好时机。打开格局，提升创新技能和敏锐嗅觉，这需要寻找盟友、建立商圈、在意想不到的地方寻找机会、努力协调复杂的利益斗争、解放思想、开始行动、利用多种手段激发变革热情、加强跨学科研究、开发可再生能源保护环境、包容和团结各种被孤立的力量，这些都是坎特所说的"企业家精神"的一部分，也是我们提倡的，"以企业平台促进全球利益"。企业平台不只是商业模式的变革，还意味着更广阔的商业前景。

企业平台模式的典型案例包括维基百科和户外品牌巴塔哥尼亚。它们将成千上万的消费者相互连接了起来，也将消费者与他们能够参与的事业联系起来，通过创建不断扩展的大型用户网络，整合人力资源，着力打造绿色生态环境。平台企业形成了规模行动，为绝望带来了希望。同时还扩大了影响力，更有利于提高人类福祉。平台打造了社区和市场，形成了网络效应，允许用户之间进行互动、学习、交流与合作。平台不只是一种生产手段，更是一种连接手段。

从更学术的角度出发，《牛津大学积极组织研究手册》（*Oxford University Handbook of Positive Organizational Scholarship*）中提到了变革，着重谈到了组织内部的变革管理，将企业作为管理发展和变革的对象。不仅如此，他们还提出了一个假设，进行了一次思想上的尝试。如果我们不把体制视为变革对象，而将其当成变革的黏合剂，用来吸引资源、合作方、个人、社区、客户、联盟、投资人等，将他们也变成被使命经济联合起来的变革推动者呢？这是一种更大的设想，牵涉到积极体制的发掘与设计：

积极体制是文化和社会中的组织形式和结构实践，旨在以惠泽全球的方式，提高并发展最强大的人类力量，厚积薄发，最终实现全面繁荣。

我们的世界，就是"商业向善即为商之道"的终极背景。正因如此，我们应该用更广阔的眼界和更崇高的目标，来考量每一个组织的未来。管理领域的方方面面，都应该更充分地考虑到人类和自然的命运。

这样的企业平台不仅是一股向善的力量，还为世界带来了变革。那么，为什么说它也是高效企业的全新管理核心呢？从各章内容和最新研究来看，答案就在图1.1中，也就是"镜像繁荣"效应。它传递了一条振奋人心的讯息：企业向善是地球上最强大的力量，能够从企业内部激发动力，打造最为投入、最有能力、最具创意的企业，也就是每个领导者梦寐以求的企业。

如果所有企业都致力于创建积极体制、打造向善平台，将会怎样？

在阅读本书丰富内容的同时，我们希望每位读者都思考一个问题：是不是因为我们拥有人性，所以做好事会让我们从心底感到更慷慨、更痛快呢？除了可持续发展研究之外，目前至少有500项科研项目，研究的都是"企业向善和企业做大做强"这个课题。《为什么好人有好报》（*Why Good Things Happen to Good People*）一书认为，这种反向繁荣，或镜像繁荣，是地球上最强大的力量，具备无限可能。它能够扭转员工上班磨洋工的行为，缓解美国社会中普遍存在的抑郁症和心脏疾病，而且实现起来轻而易举。在我们这颗蓝色星球上，有超过2亿家企业，真的多到数不清。试想一下，假如在成百上千万的企业中，所有的项目和人都形成了积极的镜像繁荣效应，将会制造多大回响，形成多少倍的力量，产生多么大的吸引力！

三大部分

本书的探索之旅，将从第一部分"企业向善才是为商之道"开始。这部分章节为读者提供了全新的理论视角，阐释了企业向善通过"创造共享价值"实现巨大飞跃的逻辑和原因，并指出这一高屋建瓴、不断延伸的概念突破，仅仅是一场变革的开端。

第一部分开篇的第二章来自作者玛嘉·霍克（Marga Hoek），她曾被全球管理思想家50强（Thinkers50）[①]评为"全球最佳管理新人"。霍克认为，当我们看到"使命经济"这一概念之时，使命经济的力量就已经开始起作用了，且势不可挡，"在新的时代，企业有充分理由去拯救这个世界。"

第三章的作者是哈佛大学久负盛名的管理学教授罗莎贝斯·莫斯·坎特，她介绍了存在于企业外部的高级领导力的管理新核心，或管理创新的新前沿。她写道："在企业内部做到经营能力上的优秀，是远远不够的。"先进领导力改变的是重塑经济体制的根基。此外，"制度高墙上的缝隙，恰恰是蕴藏创新机会的地方"。

第四章中，马克·R. 克莱默（Mark R. Kramer）对他与迈克尔·波特（Michael Porter）2011年共同发表的《创造共享价值：如

---

① 全球首个管理思想家排行榜，该榜单两年评选一次。——编者注

何重塑经济体制并激发创新和发展浪潮》（*Creating Shared Value: How to Reinvent Capitalism—and Unleash a Wave of Innovation and Growth*）做了新评。克莱默认为，企业在以市场为导向解决全球社会、生态和人类巨大挑战的过程中，能够寻找到自身的竞争优势。他解释了这一观点，并得出了明确研究结果："将企业管理作为一股向善的力量，是企业的必胜策略，这一基本认识是无法推翻的。"

第五章题为"绿天鹅：即将到来的再生经济体制热潮"，作者是"三重底线"的提出者约翰·埃尔金顿（John Elkington）及其同事理查德·罗伯茨（Richard Roberts）和路易斯·凯勒普·罗珀（Louise Kjellerup Roper）。标题已经说明了一切。作者写道："一只绿天鹅，可以为经济、社会和环境带来指数级的财富增长。"如果我们通过努力，真的激发出了使命经济前所未有的活力，那么，我们就能够迎来某种史无前例的美好未来。为此，作者列举了全球各地的实证案例。这是一种必然吗？绝对不是。这是一种选择吗？绝对是的。

第六章的作者纳文·贾恩（Naveen Jain）是全球最具想象力的企业家和现象级技术导师，帮助创建了奇点大学（Singularity University）和X奖基金会（XPRIZE Foundation）。他与合著者约翰·施罗德（John Schroeter）阐释了登月思维的强大力量。他们认为，登月思维的本质在于着眼全局。这也是当今每家企业的必修课。在分析了多个企业案例之后，作者得出结论："现在，从全局着眼，想一想创建价值千亿美元企业的最佳方式是什么？答案就是——帮助十亿人过上更好的生活。"

第二部分"净正效应：管理创新的新前沿"提出了利益相关者问题。这部分章节本着"精益求精"的原则，从利益相关者角度出发，阐释了提高企业追求的迫在眉睫和势在必行。第七章的作者是保罗·波尔曼和安德鲁·温斯顿（Andrew Winston），前者是全球最德高望重的首席执行官、联合利华前总裁和国际商会主席，后者是知名企业战略顾问，曾为3M、万豪国际、杜邦等多家公司提供咨询服务。第七章题为"净正企业与'老大难'问题"。新的眼界就像北极星一样指引着企业的前进方向，而非一个短期计划；当前，还没有一家企业实现。作者认为："企业别无选择，只能发挥积极作用，面对经济体制障碍，我们只有勇往直前，才能创建对全世界有益的净正企业。"

第八章中，共益企业运动的发起人巴特·胡拉汉（Bart Houlahan）和安德鲁·卡索伊（Andrew Kassoy）追溯了商业发展史上的一系列历史转折，除了寻找真正市场、实现极端透明、切实落实问责之外，还有米尔顿·弗里德曼神话的倒塌，也就是"在商言商"理念的崩塌。截至2021年初，来自全球70多个国家的3800多家企业已通过了共益企业认证。

拉吉·西索迪亚（Raj Sisodia）是自觉资本主义运动的联合

发起人。在第九章中，他谈到了镜像繁荣。当我们在商界完成一场哥白尼革命，将企业向善作为企业管理的核心，就会迎来镜像繁荣："我们需要将人类和地球的繁荣作为企业发展的核心追求。赚钱等其他企业经营活动，都必须为这些崇高目标服务。"

第十章的作者是R. 爱德华·弗里曼（R. Edward Freeman）、乔伊·伯顿（Joey Burton）和本·弗里曼（Ben Freeman）。R. 爱德华·弗里曼被誉为企业利益相关者学术理论之父。本章利用数据集，论证了利益相关者权益理论还将继续，而我们正处于创业新浪潮的风口浪尖。有人说，该浪潮是单纯依靠年轻一代推动的（事实的确如此），但在现实中，我们看到的却是"三代人的共同心声"。因此，"为了我们的子孙后代，我们必须成为创造更美好世界的那一代人。"

第十一章的作者是吉莉安·M. 马塞尔（Gillian M. Marcelle）和杰德·埃默森（Jed Emerson）。作为混合资本和多维资本领域的伟大思想家，他们提出，从古老非洲、亚洲和原住民传统及母系氏族传统中寻找对价值和管理的替代思维。其中有一点，就是要回归现实与生而为人之间的关系，去考察并承认人类与生俱来的品格。

最后，在第十二章中，学术成果丰富的学者兼商学院院长罗杰·L.马丁（Roger L.Martin）为我们分享了一个深刻的历史教训。他讲述了企业是如何将人性从管理理论中剔除干净的。他认为，在非人性化管理模式之下，企业"必定走向失败"，因为与企业相关的人都会意识到人性的缺失，体会由此产生的不利影响。他们终将失败，因为"没有人性的体制，最终必定会被人打破"。企业向善已经被提上议事日程。作为一套完全人性化的设计，它不是事后诸葛亮，而是早已植根于现实之中。

第三部分题为"终极优势：改变一切的领导力革命"，各章作者均认同，在领导力革命的关键时刻，人性化管理以及追求目标的转变，是有希望和承诺的动力。这里的转变是指，从追求"可持续性减少伤害"到"追求全谱系繁荣"的转变。彼得·德鲁克（Peter Drucker）告诉我们，"企业管理的作用类似于身体的关键器官。打个比方，假如一个人身患癌症，他的心脏就不可能强壮。一个企业在社会、生态环境和地球上生存发展，同样需要好的外部环境作为支持。"事实上，分歧、对立或彼此孤立的世界观，已经不再适合我们了。如果企业的生存环境被破坏了，没有一家企业能够获得长期成功。我们应承认，企业和社会是相辅相成的，一荣俱荣，一损俱损。这正是镜像繁荣伴生的系统逻辑。

作者认为，要做到这一点，必须从根本上提高我们对人类生存意义的认识。站在最先进的人类科学、活力生物学和神经科学（部分科研成果得益于磁共振等技术的发展）的交汇处，所有证据都表明，利他主义是真实存在的，善良和关爱是刻在人类基因中的。从我们对新生儿的百般呵护，就可见一斑。越来越多的事实证明了，爱与慈悲对于每个人的生活而言都弥足珍贵。丰富并弘扬道德的内涵，能够提升我们的幸福感，强化我们的免疫系统。而极端的孤立和孤独，会使人消沉，生命力减弱。当一个住在1.6千米范围内的朋友变得幸福时，你也有25%的概率变得更幸福一点儿。我们的生活状态，甚至我们的身心健康，都将在他人的感染下获得同步提升。

在第十三章中，积极组织学说（POS）的发起人之一金·卡梅伦（Kim Cameron）以数百家面临重大危机的企业为例，分享了他的深刻见解。对于其中绝大多数企业而言，在前所未有的重大危机爆发之后，接踵而来的是生产力、质量、信任、道德、利益相关者忠诚度的坍塌。但是，仍有少数企业能够绝处逢生，实现蓬勃发展，刷新业绩新高。是什么造成了截然不同的结果呢？在每一个化险为夷的特例中，领导者都具有难能可贵的美德：同情、自尊、宽容、善良、可靠，都对企业文化有着更高的追求。卡梅伦总结到："在思考企业如何为创建美好世界作出更大贡献时，重视德行，恐怕是企业的最佳策略之一。"

这听起来多少有些激进，继而在第十四章中，米歇尔·亨特（Michele Hunt）阐释了什么是企业的生存环境。亨特是赫曼米勒家具公司（Herman Miller）的前执行副总裁，现在的身份是学者兼作家。她回答了企业能否以爱作为驱动力的问题。一个伟大的领导者，怎么可能不爱自己的伟大梦想，不爱真实而远大的目标，不爱激发员工与生俱来的优秀潜能，不爱提供卓越服务呢？她认为，对于真正的领导者而言，爱是生活中最强大、最特别、最活跃的力量。在亨特的领导下，赫曼米勒家具公司被《财富》杂志评选为"最受赞赏的公司"，其办公椅产品成了女性消费者和上班族妈妈的首选。该公司还被评为美国最环保公司，并荣获"全球最佳管理公司"的称号。这就是爱的力量。

第十五章的作者是克里斯·拉兹洛（Chris Laszlo）和智利的伊格纳西奥·帕维斯（Ignacio Pavez）。拉兹洛是《蓬勃发展：新商业精神》（*Flourisning Enterprise: The New Spirit of Business*）的第一作者，该论文是斯坦福大学企业管理方面的新兴商业经典。本章指出，我们正处在一场改变一切的意识革命之中。在研究"积极影响企业"时，本章作者试图超越希波克拉底誓言，提出"减少伤害"已经不再是主流的企业管理思想了，创造积极价值影响才是定义企业成功的新标准。企业的目标是"促进经济繁荣，为可再生自然环境做出贡献，造福全人类"。富含传统智慧的伟大格言值得我们反思，例如哲学家托马斯·阿奎那的名言"好好生活就是好好工作（To live well is to work well）"，这说明，生活好和工作好是密不可分的。

第十六章的作者是乌达扬·达尔（Udayan Dhar）和罗纳德·弗莱（Ronald Fry），他们以企业向善为题，对大量成功企业开展了理论研究，并形成了目前可能是全球最大的案例库。在美国凯斯西储大学福勒企业向善中心的数据库中，存储着来自130多个国家和地区3000多家企业的采访记录。这些企业以推进联合国可持续发展目标为己任，同时为投资者创造经济价值。达尔和弗莱从数据库中随机抽取了36家企业和社会创新项目作为案例分析，揭示了一系列与成功明显相关的因素，几乎包含了本书双轴模型中的全部概念。他们分析了企业作为变革推动者的身份，积极经济体制的平台模型，以及社会生态发展的成功要素。还探讨了企业找准长期定位，推进跨界合作，以及建立循环价值链等问题。

作为本书的最后一章，第十七章将前文内容，尤其是图1.1中的概念合而为一，并付诸实践。其作者是纳迪娅·赫谢姆巴耶娃（Nadya Zhexembayeva）和戴维·库佩德，前者在现有的变革理论之上，创建了"重构学"（reinvention），后者是欣赏式探询（appreciative inquiry）理论研究的提出者和领军人物。他们分享了重构思维中的技巧和感悟，阐释了企业如何通过重构焕发新生，因为企业管理光靠亡羊补牢是不行的。他们从自身的思想重塑经历和对其他企业提供咨询服务的过程中，提炼了关键经验教训，吸引了成百上千位内外部利益相关者加入成为合作伙伴。他们还牵头多次举办以欣赏式探询及重构为主题的峰会，与会者包括苹果公司、英特飞地毯、克拉克工业公司、沃尔玛超市、全食超市等企业，以及联合国全球契约组织等国际组织。目前，峰会成员覆盖全球各地10000多家企业和地区性企业组织。

在从事了多年企业管理重构设计之后，他们得出的首要结论是什么呢？在地球上，企业向善是由内到外打造最为投入、最有能力、最具创意企业的最强力量。这样的企业是每一个领导者梦寐以求的企业，也是全世界需要的企业。

第一部分

企业向善才是
为商之道

01

价值万亿的管理转型：
企业向善才是为商之道

玛嘉·霍克

在当今这个时代，企业向善才是为商之道。在新时代中，企业完全有理由拯救世界。负责任的商业模式和资本投资不仅能成为企业向善的重要驱动力，还能为企业开拓广阔市场。企业不应该将可持续发展的实践当成一个问题或发展的桎梏，而应该以欢迎的态度，将其视作一个发展潜力巨大的领域。在过去的十年中，我们的商业模式和资本投资刚刚经历了价值万亿美元的转型。准确地说，这部分企业的投资规模已经达到了120000亿美元。随着越来越多的消费者通过实际购买行为来表明自己的态度，秉承可持续发展理念的品牌不论在盈利还是发展方面，都全面超越了不提倡可持续发展的品牌。企业股东持续向投资者施压，要求其整合企业的环境（Environmental）、社会（Social）和公司治理（Governance）这三方面（以下简称为"ESG"），更有投资者先行一步，将全面影响力和使命经济也纳入私募股权投资的考量之中。这不只是价值120000亿美元的机会，更是价值120000亿美元的需求，因为全世界都在要求企业进行彻底的转型。从这个意义上讲，企业的发展和全球问题的解决是相辅相成的。

可持续发展目标：企业道德和管理的全球指南针

为应对诸多全球挑战，2015年9月，193个国家一致通过了联合国可持续发展目标的议程，作为指引企业进行可持续投资的指南针。可持续发展目标（见图2.1）作为我们憧憬的未来蓝图，提供了统一的话语体系和一整套目标、对象和指标，指导我们在2030年之前解决饥饿、贫困、不平等、不公平和气候变化等阻碍发展的问题。自2015年可持续发展目标启动以来，各国的发展焦点更加集中，发展方式也趋于统一。有了明确目标和实现手段，更有助于我们恢复生态环境，实现全球的可持续发展。

投资者开始将ESG指标作为一种主要手段，来监控企业的投资风险和机会。从宏观角度出发，不论是图中的17个可持续发展目标，还是ESG指标，其实都指向相同的挑战，只不过，可持续发展目标相对更加具体一些。ESG指标对于投资决策越来越重要，因为与非可持续投资相比，可持续投资的收益明显更好。在整个新冠疫情危机中，有一点是显而易见的：向善投资才是好的投资，因为可持续投资抵御危机的能力更强。疫情不仅为投资决

图2.1 联合国可持续发展目标

资料来源：https://sdgs.un.org

策者敲响了警钟，也成了积极推动ESG管理的催化剂。摩根大通研究发现，广义ESG投资者的投资额在2020年翻了一倍，达到了800亿美元。影响力投资者所采取的深度参与的私募股权投资方式更是大行其道。2020年6月，据全球影响力投资网络（Global Impact Investing Network）的统计，影响力投资市场规模已达7150亿美元。

企业、投资和社会问题的关系密不可分。各类社会问题都需要找到解决方法，因此，成长型市场的巨大潜力也将被释放。试想一下，随着全球不断变暖，对凉爽的需求也逐渐攀升。目前，有将近28亿人口生活在炎热地区，其人数还在不断攀升。据预测，到2100年，90%的全球人口将生活在比现在更热的气候环境中。届时，空调将成为生活必需品，制冷行业将跻身为主要行业。当前，制冷行业之所以正在经历变革，就是为了减少行业对环境的负面影响。我们需要发明新的方法，让城市、农村和公共交通变得凉爽。放眼全球，生活在炎热且未通电地区的人口高达4.7亿。鉴于我们的目标是减少并最终停止使用化石能源，因此必须通过技术创新解决这些难题。那些有能力提供创新方案、真正实现可持续发展的企业，将迎来重大发展机遇。

企业面临的挑战：企业必须将自身对可持续发展目标的负面影响降至最低，同时注重提高对可持续发展目标的积极影响。

积极实现可持续发展目标，将会为企业带来巨大回报，企业为此将可持续发展目标作为发展的首要任务，是至关重要的。企业必须将自身对可持续发展目标的负面影响降至最低，同时注重提高对可持续发展目标的积极影响。例如，服装品牌盖璞和许多全球零售商都在努力实现第5项可持续发展目标，即性别平等。据麦肯锡全球研究院估算，到2025年，重视性别平等的产品和品牌的市场影响预计可达280000亿美元，占世界生产总值的26%。

通过提高对可持续发展目标的重视，企业在行为方面，将更加倾向于建立符合可持续发展目标价值观的员工团队，开发成长型市场。当企业和资本承担起向善责任时，世界经济就能拥有更光明的前景、更多的发展机遇和更强的生命力。

共享价值与企业发展新内涵

对社会实现可持续发展目标的负面影响降至最低，同时注重创造积极影响，是企业发展的新要求。这意味着，企业要成为解决问题的人，而不是制造问题的人。如果企业能够在自身的整个经营过程中，创造净正效应，那么，全球生态和资源就能得到恢复。这也意味着，我们可以通过消除大气中过剩的碳，实现从"碳中和"向"碳去除"的转变。时代的车轮从这里开始转动。多年以来，"碳中和"与"净零排放"一直被当成终极目标，但从现在起，碳可以被视为生产新材料的一种资源。今天，"碳去除"与"碳封存"已成为价值59000亿美元的全球商机，涉及建筑材料、燃料、农业生产资料和消费品等广泛领域。

上述思维和行为方式，正是共享价值商业模式的体现。"共享价值"常被等同于"创造共享价值"。最早提出这一概念的是迈克尔·波特和马克·R.克莱默，两位都是极具开创精神的学者和商业策略专家。这种商业模式认为，社会价值与经济价值正相关（而非负相关）。对此，我们不要去过度解读，不能认为企业要想取得经济上的成功，不会以牺牲社会或环境为代价；或者认为企业想要创造社会和环境价值，不会以牺牲利润为代价。对于市场、发展、竞争力和可持续性之间的关系，也是如此。这种思维方式是承认协同产生的积极效应，从本质上讲，它是由机会驱动的。

> 我们必须消除企业发展对世界造成的负面影响，将企业发展与创造积极影响联系起来。而后才能谈如何将企业发展为一股向善的力量。

实现共享价值商业模式的前提，是企业愿意从减少对世界造成负面影响，向创造积极影响转型。共享价值商业模式作为一种由企业主导的发展模式，将全面渗透到全球的可持续商业和可持续资本当中。其特点是"企业向善推动企业做强"。它证明了，经济、社会和环境效益是可以同步实现的。事实上，该商业模式

的核心是社会和环境问题。正是这些问题推动各行各业不断涌现
"赚钱和创造价值两不误"的企业案例。从这个角度看，共享价
值商业模式是实现可持续发展目标的理想商业模式，也是可持续
经济的一种新模式。

企业可以通过各种各样的方式做贡献。一般而言，体现共享
价值商业模式的案例会同时涉及多个可持续发展目标。英特飞地
毯公司为了给世界带来积极影响，在几年前就改变了自身发展路
线。联合利华、耐克、雀巢、帝斯曼等公司，也先后调整了自身
的发展路线，全都在努力消除自身发展给世界造成的负面影响，
力争在向社会和环境不断索取的同时，也能够带给世界更多回
报。他们的目标是开发更多的可再生能源，在满足自身需求的同
时，将多余的能源提供给周围的人，从而实现"碳去除"。在这
些案例中，企业发展让世界变得更美好了。这些案例说明，越来
越多的企业正在对世界产生积极影响，我们也可以将其发展视作
对世界的贡献，而非索取。

在未来几十年中，企业的发展必须消除对世界造成的负面
影响，创造更多共享价值。公司发展的价值是创造社会和环境价
值，而不是过度开发地球资源。为了一己私利而过度利用资源的发
展方式，不仅不再为众人接受，而且必将导致企业灭亡，因为这种
方式是不可持续的。将企业发展作为一股向善的力量，创造积极
影响，扩大可持续经营活动的规模，才是企业发展的新内涵。

市场机遇：可持续发展目标的最佳切入点

世界企业永续发展委员会发布过一篇里程碑式的报告，题为《企业向善，世界更美》（*Better Business，Better World*）。该报告称，可持续发展目标的实现，将带来120000亿美元的商机。尽管这个数字与其他报告中的数字不尽相同，但问题的本质在于，在解决上述社会挑战的过程中，存在着巨大的成长型市场。

从企业的角度出发，了解到这些商机存在于哪些领域至关重要，有助于我们确认，哪些行业将成为今后的主要成长型市场，比如食品农业、城市建设、能源材料、健康福祉，等等。这些行业占了实体经济的60%左右，同时也是实现可持续发展目标的关键。我们可以将这些成长型市场称作可持续发展的"最佳切入点"。这些行业潜力巨大，在未来10～15年的增速有望超过国内生产总值平均增速两到三倍。该报告还指出，这些行业中每年存在着价值4万亿美元的投资机会。据保守估计，到2030年，这些行业可能释放价值超过120000亿美元的投资机会。

因此，企业应该考虑开发新产品，制定新的市场策略了。比如，建筑企业可以考虑，改变原先提供低利润、高竞争性产品的策略，进军高利润、低竞争性的成长型市场。这种转型当然需要相当的魄力和创新，但这是可以达成的。墨西哥的专科医院大楼就是一个很好的例证。这栋大楼的外层材料采用的是一种创新立的面瓷砖，能够吸收烟雾，而烟雾正是这里最主要城市的污染之一。德国柏林的优雅装饰设计公司（Elegant Embellishments）是大楼外观的设计者。目前，该楼一天吸收的烟雾，能够中和8750辆汽车排放的尾气。而且，大楼看起来极为美观，在创造环境价值的同时，还创造了审美价值。如果你的公司能够提供如此巧妙的解决方案，就能够从现有竞争者中脱颖而出，因为你所创造的一系列新价值，就是人们当前所迫切需要的。

食品和农业企业的最佳切入点，是减少粮食损失和浪费。粮食损失产生于供应链过程中，而粮食浪费则主要产生于供应链末端，更确切地说，是由发达国家的消费者和零售行为造成的。部分发展中国家则面临着粮食歉收问题，因此浪费问题相对容易解决一些，但其最终解决依然需要多方合作、广泛关注、不断创新，才能产生规模效应。

仅在美国，就有将近一半的食物被白白浪费，其中有40%是由消费者造成的。在法国，全国71亿吨食品垃圾中，有67%是被消费者浪费的，比例最高。发达国家的零售业及其他食品摊贩也造成了相当多的食物浪费。例如，在英国，食品和餐饮行业每年浪费的食物高达92万吨，价值25亿英镑。

面对如此巨额的经济损失，每家企业都应该积极寻找对策。这不只与食品行业中的超市或餐馆有关，而是与每一家企业都有关。想一想企业食堂或商务宴会。目前，已经有企业提供了解决方案。美国旧金山科比亚公司（Copia）等初创公司，专门回收商务宴会后剩下的食物，再配送到当地的慈善机构。将完好的食物送到需要的人手中，不仅为慈善事业作出了贡献，还为社会创造了价值，也为企业自身赢得了税收优惠。餐馆和餐饮公司既要提供足够的新鲜食物，又要避免造成浪费，有许多技术方案都为他们提供了经济上的应对措施。以荷兰的Q点咨询公司（Q-point）为例，该公司提供了餐饮业数据收集和需求测算的解决方案，指导餐馆和餐饮公司合理采购食材，制订宴会规划，同时避免备餐过多而造成浪费的情况。目前，该公司正在扩大服务范围，为医院、主题公园和公司食堂开发相应解决方案。

经济回报

实现可持续发展目标有利于整体经济发展，这将大大增加私人机构获得的利润。目前人们对可持续发展对整体国内生产总值的影响依然不够重视。而实现可持续发展目标对国内生产总值产生的积极影响，将远远高出任何一家企业单独所做的贡献。

慕尼黑再保险公司（Munich Re）的一份报告称，2020年，因气候变化（第13个可持续发展目标）加剧导致的全球灾害共造成了2100亿美元的损失，面对飓风、洪水和山火等自然灾害，美国、中国等许多国家都在积极应对。与2019年1660亿美元的损失相比，2020年全球因自然灾害造成的损失增加了约26.5%，其中820亿美元的损失得到了保险理赔，较2019年增加了570亿美元。

健康福祉（第3个可持续发展目标）目标将一个残酷的事实摆在我们面前：目前，肥胖导致的死亡人数比饥饿导致的死亡人数更多。超重人口对公共卫生的影响，导致了医疗支出的惊人增长。每年，在经济合作与发展组织成员国中，超重引发的各类疾病的治疗费用约为3110亿美元。总体上看，仅超重问题，就花费了52个国家总医疗支出的8.4%，而美国花在超重和肥胖问题上的钱，在其医疗预算中占比接近14%。超重引发的相关问题也影响了劳动力市场。肥胖会导致就业率的下降，以及提前退休、旷工和加班等情况的增加。因此，在上述52个国家中，受超重问题影响，就业人口减少了5400万。将超重对寿命、医疗支出和劳动力就业等各方面影响综合起来，造成经济合作与发展组织成员国的国内生产总值的平均下降率约为3.3%。

一枚硬币有两个面，反面的另一面是正面。解决了健康问题，就可以减少医疗支出，让我们从日益严重的社会问题造成的巨大经济负担中解脱出来。麦肯锡全球研究院的研究表明，到2025年，仅实现性别平等（第5个可持续发展目标）这一项目标，就可为全球经济增长贡献至少120000亿美元。

随着新兴市场的不断涌现，一些现有的市场也开始逐渐被淘汰。从可持续能源和含糖饮料的市场需求变化，我们就能够看出，消费者的意识和行为正在发生转变。目前，在绝大多数情况下，企业使用纯天然原材料制造产品，依然比使用回收材料的成本更低。其原因在于，我们没有对资源和污染等外部因素进行公平定价。如今，不可持续产品的优势通常是两种：一是他们几乎不用为自己在生产过程中碳排放付出代价；二是像石化能源等行业，能获得政府补贴。碳价和生态成本目前仍被视为外部因素，一旦二者被纳入税收体系，不可持续企业必定会出现亏损。假如全世界现在停止为石化能源等行业提供补贴，这些企业必然会亏损。根据国际货币基金组织的数据，全球化石燃料行业的补贴金额高达52000亿美元。世界企业永续发展委员会预计，如果将生态成本考虑在内，将会令上述最佳切入点的企业市值上涨50%。将可持续发展目标纳入企业发展计划和战略中，有助于企业调整经营方向，获得长期成功。

规模效应的影响

部分大型跨国集团是全球最有规模的经济实体，其经济实力甚至比许多小国排名更高。试想一下，如果这些巨无霸企业都积极投身创造社会和环境价值，那么整个社会潮流都将被逆转。一般来说，大型企业向可持续发展目标的转型速度较慢，而小公司的转型则轻松得多。和快艇相比，巨型油轮改变航向就是会慢上许多。目前，在全球各地，许多极具创新性和高增长潜力的创业公司纷纷涌现。它们从诞生起，就是面向新的成长型市场的，就是为了解决全球问题提供方案的。有创新意识的创业公司和扩张中的公司都在拥抱企业发展的新内涵，将其作为企业发展的根基。它们的商业模式大多是为了给世界带来积极影响。

当小公司和大企业步调一致时，好运就会降临。小型创业公司的不断创新和以社会责任为导向的企业文化，能够让大型企业从中受益。大型企业拥有发达网络和雄厚资金，有实力更快地扩大规模，能够让小型公司从中受益。大企业和小公司可以通过不同方式走到一起。大型企业运用灵活的商业模式，扶持小公司实现创新突破，是其中的方式之一。一家"左右开弓"的企业，能够在确保自身日常业务正常运转的同时，建立或接纳拥有独特工作流程、组织结构和企业文化的小公司或小组织，专门负责发现新商机、开发新产品和服务，或者保护大企业旗下的新公司。

企业风险投资（corporate venture capital，CVC）是一种很好的"以小博大"的经营方式。如果做得好，对企业和投资者两方都有好处。企业风险投资具有双重优势。首先，它能够让创意与规模经济和金融实力紧密挂钩；其次，这种投资模式，能够帮助大型企业加速实现其可持续发展目标。企业风险投资的发展，受到了许多颠覆性变革趋势的推动。正是这些趋势，在不断推动企业创新和发展的脚步。大型企业正在寻找进军新市场的"捷径", 以实现加速发展。他们不仅希望在风险可控和确保财务回报的情况下进行创新, 还在越来越多地借助风险资本, 实现自身的长期发展目标。如果做得好, 企业风险投资将为大企业开辟一条兑现未来回报的捷径, 同时为小公司提供一条加速发展的道路。

科技向善

有人说, 数据就是新黄金。数据有许多用途。我们可以将数据当作一家企业确定究竟该以何种方式, 为实现可持续发展目标做贡献的绝佳方式。寻找企业利益和社会利益的结合点, 也可以靠数据分析来为企业导航。各方都能够通过数据分析, 来寻找转型之路。数据提供商在加速可持续资本投资方面, 具备独一无二的地位。借助知识共享、技术支持和数据共享, 以及跨区和全球论坛, 数据分析和预测将成为投资决策的重要依据。

在许多行业中, 人工智能和数据分析相结合的案例屡见不鲜。智能城市的设计, 就是不断扩张的一个主要市场领域。目前, 学界专家和商界领袖都在探索如何通过人工智能改善城市设计, 提升市民的生活品质, 优化城市的运转模式。利用技术, 城市规划者可以设计出更好的城市空间调整方案, 从市民的福祉和行为方式出发, 通过数据分析, 获得新的思路。利用智能城市产生的数据，规划者可以进行设计优化，以满足市民的各类需求。安装在建筑物上的传感器，可以跟踪人们的移动轨迹和进出频率，为如何省钱、如何节能，提供有价值的信息。

21世纪20年代，技术创新将成为实现可持续发展的最大加速器。而在下一个十年中，每家企业都需要走上科技发展道路。小数据①、大数据、机器人、人工智能、无人机及其他创新技术，将开辟新的可持续发展道路，并带来新的商机。

新生代力量

在这十年中，对于大企业和小公司而言，可持续发展都将变得更加重要，因为新生代将逐渐成为消费群体和劳动力市场中的主体。千禧一代（1984—1995年出生的一代人）成了市场的主力军，显然也成了可持续变革的主要动力。作为员工，他们要求企业以社会责任为导向；作为消费者，他们愿意掏更多的钱，支持可持续产品及其供应链。继千禧一代进入劳动力和消费市场之后，随之登场的将是Z世代（1995—2009年出生的一代人），他

---

① 小数据（Small data）或称个体资料，与侧重于个人与消费者产生的大量可供企业和人工智能筛选的大数据相比，小数据由易于获取的小块信息组成，可随时分类，不需合并表格，可以存储在本地或数据库中，方便访问。——编者注

们将继续支持可持续发展事业，并为之付出自己的行动。荷兰青年发明家柏杨·史莱特（Boyan Slat）荣获了联合国颁发的"地球卫士奖"最高荣誉。他明确表示，光减少海洋里的塑料垃圾是无法解决问题的，必须要"彻底清理"，否则，到了2050年，海里的塑料垃圾就会比鱼还要多。绝大多数创业公司都以社会责任为导向，以创建美好世界为己任。麦肯锡咨询公司的一项研究表明，Z世代中，有90%的人希望品牌厂商能够有所担当，为解决社会问题承担起自己的责任。企业如果希望在人们心中变得重要，且持续重要，就必须采取规模行动，快速响应未来劳动力和消费者的需求。

千禧一代和Z世代不仅对有担当的企业感兴趣，也对有担当的工作关系感兴趣。作为这场变革的主导者，千禧一代将全力以赴，促成企业向善的转变，让它从人们的期待转变为企业经营的常态。

管理向善

人民拥有强大的力量。这句话用在今天，比以往任何时候都更贴切。科恩通信公司（Cone Communications）在美国开展的一项研究显示，有87%的消费者会因为某家公司支持了他们关心的事情，而购买其产品；有76%的消费者会因为某家公司支持了他们反对的事情，而拒绝购买其产品。研究结果还显示，90%的美国受访者在发现某家公司存在不诚信或不负责任的行为时，会联合抵制这家公司。我们每个人都应呼吁企业向善，相互鼓励支持，为我们自己和子孙后代创造可持续的生存环境。

世界需要企业提出解决方案，而且越快越好。企业不仅应该迅速提供解决方案，还要尽可能地扩大其规模。企业发展和投资方案的规模，必须达到能够应对全球挑战的规模。接下来的十年，将是属于可持续发展的十年。

三 企业管理新前沿：打开思想格局，共建更美世界

罗莎贝斯·莫斯·坎特

　　企业领导者越来越深刻地认识到，他们有责任为不同的利益相关者创造利益，而不是仅为老板和股东赚钱。他们越来越重视报告企业的环境、社会和治理成果，确保企业对自身行为负责。然而，制造问题、拖延问题解决、减少公共福祉的是体制问题，仅靠在企业内部进行变革，未必能对体制问题予以改进。相反，企业领导者必须"打开格局"，不要将自己的企业或行业视为孤岛，积极发挥领导力，解决更复杂的全球问题。除此之外，企业应关注的问题还包括：气候变化、性别平等、健康问题、教育落后和极端贫困。

急需高级领导力

　　企业范围之内的优秀领导力，只是一个开始。要推进系统

或制度变革，还需要额外的行动力和敏感性，这些都是我所说的"高级领导力"的一部分。这样的变革有时候需要你对关于世界的模糊假设提出质疑，这件事不可能由一家企业单独完成，不论它如何优秀。高级领导力的本质是企业家精神，是为了解决问题，不断去尝试创新。变革体现的是一种"系统性的企业家精神"，也就是通过众多参与者的共同尝试，去彻底改变开展企业活动的整个系统环境。

简而言之，企业领导者的下一个管理前沿在于系统或制度变革。至于如何实现这一目标，目前相关研究还比较少，所需的管理工具也没有得到重视和发展。这意味着，企业高管可能会准备不足。一家跨国公司刚刚提拔了地处偏远国家的分公司总经理。而这位被提拔的总经理，却对自己的新角色产生了疑问，因为他在国外接触到了公司和客户之外更广阔的世界。他凭借刻苦学习，成了一名优秀的工程师，后来又成了一名受人尊敬的经理，分管公司的工程和产品团队。现在，他经常抱怨公司希望他成为一名外交官，与其他国家和地方政府的官员、社区机构和媒体打交道，可他对这些根本一无所知，更别提对方所做的事情和相互之间的联系了。欢迎光临企业之外的真实世界。

企业和社会之间的关系不仅复杂，而且牵涉到各个方面，尤其是环境、规范和科技等。一种体制可能在某个时代运行良好，或者至少不出问题，但是换到其他时代，就问题频出。例如，医药公司一方面创造了巨大的利益，他们的重大科学突破可以挽救生命，减少痛苦；另一方面，他们也饱受诟病。美国医药公司的高昂定价固化了健康的两极分化，其市场推广造成了处方用药的过量滥用和阿片类药物的流行。有时候，企业是提供解决方案的人，但有时候，企业也是制造问题的人。

　　企业要成为一股向善的力量，就必须从减少负面影响向创造积极价值转变，从减少空气污染，转向积极采取行动，解决全球变暖问题。这是比"减少伤害"更高的发展目标。仅在自己的企业经营和能力范围内做到优秀，是远远不够的。问题在于，如何号召更多的企业加入解决问题的行列，共同推动系统性变革。

制度问题与系统性变革挑战

　　制度是一整套既定的、能够指导社会行为的结构、规范、假设和路线，它具有履行多种社会职能的合法地位，例如教育、医疗以及商品服务的供应等，这些职能构成了我们常说的"系统"。有时候，制度与容纳该制度的具体建筑是紧密关联的，比如容纳医疗的医院，容纳教育的学校和高校等。建筑是结构的一种隐喻，为社会活动和假设设定边界，它是制度的体现，代表着行动路线，并随着时间的推移，反过来固化制度内的各种系统，令其变得更加坚不可摧。于是乎，问题被关在了孤立结构之中，思维被关在了已建立的关于行为路线的假设中。对于大多数人而言，不走老路而选择另辟蹊径，是一件很难的事情。所以说，高级领导者必须是开拓者。

系统性问题有五个共性特点。理解了这些系统性问题，才能搞清楚，企业作为制度的一种，应该怎样做才能发挥作用，企业领导者在管理上又能运用哪些技巧。

系统缺口问题：资源与需求无法匹配

系统被封闭在了有心或无意设置的排他边界之内。当系统对某些人有利、对其他人不利时，就会形成制度问题。一方面，既得利益集团有办法获得现成的资源，所以他们会极力捍卫该系统；而另一方面，这会导致利益集团之外的人陷入困境，由于手中缺乏资源，他们也没有能力推动变革，即便存在对他们有利的资源，他们也没有途径得到这些资源。之所以会这样，部分原因在于，关于"正确做事方式"的系统设计，让企业领导者看不到其他的可能性。

在某些情况下，现有的资产或资源有些被滥用，有些无人使用，有些到不了需要的人手中。医疗资源的缺口，不仅在新冠疫情中被暴露无遗，在此前的灾害中也早已显露。这说明，关于提供医疗资源最佳方式和最佳地点的系统假设是有问题的。"卡特里娜"飓风摧毁了新奥尔良的低洼地区，而在那里居住的，大部分都是贫穷的黑人。灾情凸显了大型医院医疗服务缺乏的问题：最需要看病的人，却无处求医。灾难发生之后，当地市政官员开始对医疗系统进行反思，旨在让需要的人得到服务，包括建立流动诊所和利用公立学校的校医院。而这些医疗机构，本身就是特许学校的创新之举。后来，巴吞鲁日市在理发店中安排了医疗服务，因为这里是黑人经常聚集且非常信任的地方。零售药店陆续在店内推出了医疗门诊基本服务；时尚连锁店诺德斯特龙（Nordstrom）也开始在门店内提供乳腺X线摄影检查。

在其他领域，也存在资源与需求的配置问题。比如，运往灾区的赈灾食品可能在入境口岸就腐烂了，因为缺乏足够的运力，无法将它们及时运输到发生饥荒或疾病的地区。在富人居住的郊区，可能有许多还能吃的食物被白白浪费，而真正需要食物的人，却无法得到。不妨想象一下，假如我们拥有健全的配送系统和足够的零售点位，能将食品送到缺乏食物的地区，结果将会怎样呢？这种制度性的缺口，需要我们企业来进行填补。美国平价超市乔氏超市（Trader Joe's）的前总裁道格·劳奇（Doug Rauch）在创办每日餐桌（Daily Table）超市时，就是这样做的。他将快被浪费的临期食物降价卖给低收入人群，一箭双雕，既解决了低收入人群的营养健康问题，又应对了气候变化，因为食品变成垃圾，就会产生甲烷，破坏臭氧层。

闲置资源为系统性变革提供了可能。缺口代表着机会。在城市交通问题上，企业家也洞察到了缺口和机会，于是对闲置私家车以及车主可支配时段内的潜在乘客进行了匹配。优步（Uber）和来福车（Lyft）等网约车平台在美国和全球其他地区迅速流行起来。网约车既缓解了社区的空间资源问题（有限的停车位），又创造了自由就业机会，将个体户从"零工"变成"员工"，为其争取福利。

高级领导力的首要原则之一，就是打开格局，将思想从现有的制度假设和对潜在合作伙伴的常规判断中解放出来，这需要我们敢于挑战关于做事之道的现有假设。其实，我们缺少的往往不是资源，而是人类的想象力和领导力。制度高墙上的缺口，恰恰是蕴藏创新机会的地方。

全局观问题：全局性，复杂性，多角度，多层次

重大问题是不会轻易被局限于制度的边界之内的。在不同行业中，看似并不相关的活动，却能够对相同的问题产生影响。在核心问题之外，还涉及更多的问题。不论是什么问题，都关系到不同人群的重要利益。有时候，企业发挥不了核心作用，但企业的做法必然会对问题产生影响，也可以为解决问题提供助力。

只要系统从表面上看是健康的，大家就很难察觉到系统底层的异常。只要所有系统都在运转，大家就会理所当然地认为，制

度是没有问题的。极端天气事件引起了人们对气候变化的关注，并将此事提上了重要的议事日程。新冠疫情让人们注意到了，我们缺乏支持远程办公或远程学习的基础设施，比如提供良好网络连接的宽带等。剖析问题要从全局着眼。要想改善美国教育不平等的情况，就要考虑家庭情况、饥饿营养、健康问题、交通问题等各种因素，不是单靠学校的努力就可以。像剥洋葱一样去层层剖析，才能揭露出更多盘根错节的问题。问题远非一个，而是很多。

有时候，非要等到许多问题都爆发了，我们才会对某个系统性问题引起重视。比如，人们认为，交通问题只是上班族们每天在通勤高峰期遇到的难题，却并没有意识到，从交通系统的大背景看，这是交通资源可用性和政策选择之间的问题。将交通问题单纯放在交管部门处理，或者当作一个孤立的问题予以解决，是注定要失败的。就连优步这样的快速成长的网约车公司，都忽视了交通系统的各方面问题，没有全面考虑各种因素，导致该公司在某些国家完全失败。在创业几年之后，他们不再说自己"只是一家技术公司"，而是声称，自己提供的是一种更加绿色的城市解决方案。事实证明，网约车并没有缓解交通拥堵问题。假如优步能够从全局观出发，从交通系统的各个方面去考虑问题，它能避免多少交通混乱的局面，为全世界创造多少共同利益呢？不考虑所在行业的全局，最终只能给企业带来伤害。

高级管理者必须善于抽丝剥茧，理解问题的复杂性，着眼全局，不能只顾着眼前。领导者必须走出自己的舒适区，以目标为引领，树立"远大梦想"，完成自己的使命，推动有益变革，寻找各种可能的方式，以实际行动解决问题。

笼统问题：不明确的目标和出路

企业从全局观出发考虑问题之后，必然会遇到笼统和抽象的问题。应对气候变化，究竟是什么意思呢？这些问题的定义是高度抽象的。虽然将更广泛的背景包含在内有其好处，但也模糊了解决问题的出路，增加了各方达成共识的难度。与日常生活中的具体问题不同，重大问题往往都是很笼统的。拯救海豚比拯救海洋更容易理解。但是，即便是这些相对简单的目标，实现起来也存在着诸多不确定性，并没有明确的行动路线。

制度问题是非常棘手的，既难以明确，又难以理解。这些问题就连一个可以追求的明确目标都没有，更别提对其意义达成共识了。要解决制度问题，不是光喊口号，就能简单地转化为具体行动的。喊口号是不够的，因为制度问题包含了许多不同的面向，也就是说，需要多种解决方案。这意味着真正的变革路线还没有出现。而目前现成的路线，恰恰是强化当前系统问题的路线。通过现有的办法，是不能找到解决问题的出路的。

只关注企业内部，并不利于我们明确目标，找到行之有效的行动路线。有太多的企业参与社会慈善事业了。在我看来，他们的付出只是"顺便的改变"，而非主动寻求"真正的改变"。资金的引流途径就在那里，老牌非营利组织需要资金，剩下的事情就一目了然了。但是，这种慈善是否能为世界创造共同利益，还是维持了现有系统，是不一定的。而且，有时候，企业领导者解决问题的原因太笼统了，没有办法支撑创新。上文中提到的平价超市乔氏超市的前总裁道格·劳奇认为，自己解决的是当地食物需求供给不匹配的问题。因此，他建立了一个分配机制，将临期的面包分配到食物银行中。但是，假如他满足于老套的想法，就不可能想出这套成功零售的新创意，一次性解决了三个问题，而不只是一个问题：既保障了食品安全，又提供了平价的营养食品，还通过避免粮食浪费，减少了温室气体的排放。

当目标不明确时，走老路要比创新容易得多。因为创新需要去探索广阔的新领域，向不同地方的不同人收集大量的信息和经验，包括那些一开始看起来与问题毫不相关的人。对于劳奇及其他高级领导者而言，应该打造终身学习的企业文化，不断解放思想，激发新的创意，寻找解决问题的新角度，创造身体力行的新机会。企业可以通过将员工送到世界各地开阔眼界，来打破封闭的思维方式和系统。在一家企业内部，领导者也要倾听员工的心声，当员工的积极性日益增长时，做到这一点尤为重要。

组织问题：参与全凭自愿、管理权威缺位

显而易见，并没有人来负责解决困扰全球和企业的重大问题。谁拥有治愈癌症、结束性别歧视或清理海洋垃圾的独家授权？从全局角度看系统性问题，没有一个单独的企业或个人能够凭借一己之力解决所有的重大难题，不论这家企业是多么的强大，不论这个人贵为一国之君还是首席执行官，不论这些精英多么希望解决这些问题。实际上，想解决问题的企业并非一家，而是有很多家，虽然他们并不权威，但却具备各种各样的专业能力。但对于棘手的系统性问题，没有任何一家单独的企业，有实力去垄断重大问题方方面面的合法控制权和治理权。以环境污染问题为例，没有任何一个国家拥有对所有海洋的主权。几乎所有重大社会问题皆是如此，这些困难可能涉及多个不同部门和行业，需要各方来共同"认领"，并站在各自不同的角度共同加以解决。

重大问题牵涉到多个潜在的管理部门，也就是说按照目前的方式和结构，没有一个部门能够单独处理这些问题。每个部门都只能处理与职能相关的那些细节问题，这种境况让整个问题变得更加棘手。问题的持续存在，损害的是各个部门的权威性，暴露的是各个部门的无能。正是由于各部门没有能力推进行之有效的变革，其自身的公信力也就岌岌可危。而其他试图参与解决问题的各方，却苦于没有法定的权力和身份，甚至不具备参与资格。

不强制参与，也没有明确的权威部门，其实是件好事。其原因在于，首先，这意味着参与行动的方式是以理服人，而非用权力压人，这让解决问题的创意的质量得以在说服他人的过程中不断提高。其次，由于解决制度问题的责任被分散在许多实体单位身上，也就会有更多单位从中受益，从而扩大其作用。一家公司可以通过帮助农民实现可持续农业发展，创造多重收益。公司可以拥有稳定的订单，农民也可以找到客户，地球也可以从更加环保的农耕方式中受益。

得联盟者得天下。美国米特公司（MITRE Corporation）和梅奥医学中心（Mayo Clinic）与上千家公司和医疗中心联手，协调私营部门，应对新冠疫情，助力公共部门共同抗击疫情。新冠疫情医疗保健联盟（COVID-19 Healthcare Coalition）的使命是提供实时意见，助力医疗服务到位，保护人民生命安全。每个联盟成员都贡献了自己的一分力量，分享资源和计划，与流行病专家和研究人员合作，支持一线医护工作者抗击疫情。参与其中的企业包括：亚马逊公司、微软公司、客户关系管理服务商赛富时等科技巨头，以及不计其数的医疗中心和研究机构。面对重大危机，联盟让原本是竞争者的企业组织起来，各司其职，有的负责防护设备的生产，有的负责数据分析，为决策者提供依据，齐心协力，拯救生命。

形成联盟，并在其中发挥领导作用，是高级领导力的标志。

高级领导者会主动与其他机构结盟，在责任共担的基础上，建立起事实上的权威，通过说服而非权力指挥的方式，来解决问题。他们以目标为导向，既自信又谦卑，主动去说服其他志愿单位。他们既不会坐以待毙，也无意于去主宰他人。

利益问题：利益相关方之间的冲突

正如上文中提到的，重大系统性问题是非常复杂的，本身也存在争议。由于问题涉及多个维度，有多方参与，很容易在利益和观点上产生冲突。每个利益相关方都会有不同的看法。谁吃了亏？应该向着谁？此外，各方的学科视角也会各有不同，同一件事在法律上，医学上，教育上，经济上，都各有各的道理。有些人可能希望用自己的方式解决问题，让自己所属的群体受益。而有些人却根本不希望问题得到解决，因为只有保持现状，他们才会从中得利。各方都有自己的首要任务，解决方案的不同，会直接导致各方的利益变化。各方对问题的关切程度也不同，特别在意的一方可能会表现得非常积极，或很容易激动，从而制造特别多的噪声。此外，如果所有利益相关方都在为自己的利益盘算，可能就无人在意整体利益，有些人是刻意而为之，有些人则是因为缺乏途径，不了解整体状况。

由于重大问题不可能单靠某一个学科或某一个方法得到解决，因此，利益相关方经常会产生争议。一个领域专家的意见，会遭到其他领域专家的质疑。例如，医生对病人提出的健康建议，往往会遭到保险公司对同一位病人的健康状况的质疑。让不同利益相关方找到一个共同目标，已经很难了，更别提让他们为这个目标去共同努力了。棘手的制度问题之所以迟迟得不到解决，是因为大家就到底该做什么并未达成一致。利益相关者之间的争吵，浪费的是解决问题的时间和精力。当利益相关者之间存在地位差距时，这种冲突的拖累作用就更大了。与弱势群体相比，精英的声音能够被更多人听到。而那些在当下拥有权力的老牌机构，也想一边掌控着话语权，一边不让其他人发声。

要想对重大社会问题产生影响，必须让所有利益相关者为了共同目标团结起来，或至少让其中的一部分团结起来。这个共同目标必须足够包容，超越个体利益，让大家愿意为之做出妥协。每个利益相关方都要从这个目标中，获得至少一部分他们想要的利益。只有这样，他们才会愿意为这个共同目标付出行动。打造这样的联盟，让所有人为一个共同目标做贡献，是高级领导力的终极体现。领导者必须能够做到克制对自身利益的单纯追求，提倡关注所有利益相关者的整体利益。因此，领导者必须善于倾听，了解与自己利益冲突的相关方需要什么，不论这些冲突是体现在部门、行业还是世界观的不同上，而后再决定以什么样的形式与之合作，以确保团结一切可以团结的力量，实现一个更加宏大的目标。

创建更美好的未来

解决重大问题意味着，企业需要从竞争对手转变为合作伙伴。例如，有一家荷兰银行，此前一直保持着良好的企业公民形象，但由于它为一项危害生态环境的项目提供了融资，气候活动人士来到其总部大楼外，举行了抗议活动。有抗议者表示，正是因为这家银行以前形象很环保，此举才让人更加难以接受。银行原本可以采取多种方式，来施压抗议活动，削弱抗议者的组织；也可以闭门谢客，待在银行大楼里不予理会。但是，银行的领导者并没有这样做，他们选择了与抗议者合作。银行邀请抗议者进入大楼，接受抗议者的教育。后来，这家银行制定了一整套环保原则，越来越多的银行纷纷承诺遵守这套原则，最终，全球银行业巨头也加入了他们的行列中。该银行的巴西分行成了全球首家进行碳交易的商业银行，与世界银行成了合作伙伴。

为了成为全球利益的坚决拥护者，高级管理者需要学会多套话语体系，既要懂得自己的话语体系，也要懂得身边各类群体的话语体系。与企业内部的生存之道不同，他们必须学会如何向他人学习，而不是如何对他人发号施令。他们必须学会聆听他人的不同意见，与竞争对手结盟，与从前的对手共情。

要想让世界变得更美好，所有的利益相关者需要进行跨部门合作。这是一种全新的组织形式，而目前我们对它的理解尚显不足，企业领导者的准备也不够充分。它是管理者打开格局的终极思考，很有可能成为推动解决重大问题的最佳方法，具体特征如上文所述。美国芝加哥的西区联盟（West Side United）可谓是一个开创先河的案例。它由六家大医院、拥有相同席位的众多社区组织、多家银行及其他金融投资者、数家小型企业以及芝加哥市政府共同参与，旨在通过可行的医疗和融资项目，缩短该地区五十多万居民的寿命差距。

在创建美好未来的过程中，企业可以发挥多种作用。企业既可以是倡议行动的发起者，是联盟的召集者，也可以发挥配角的作用。企业既可以在过程中直接抓住现成的商机，例如建立新企业，或强化产品和服务等，也可以当一个颇具远见的创新者，亲自打造变革的模型。有时候，企业也可能是制造问题的罪魁祸首，是推动变革的顽固阻碍。

近年来，为了让企业更好地为社会服务，我们对企业的作用进行了重新定义，且成效卓著。未来，我们会引导企业发挥更大想象力，大胆与政府和社区合作，解决急需系统性变革或制度变革的全球重大问题。企业领导者们能否迎难而上，将高级领导技巧运用于企业管理的过程当中呢？

——摘自罗莎贝特·莫斯·坎特的《打开格局：高级领导者如何通过步步创新来改变世界》。

浅谈企业社会角色的十年变迁

马克·R. 克莱默

2011年，我和迈克尔·波特在《哈佛商业评论》上共同发表了《创造共享价值：如何重塑资本主义并激发创新和发展浪潮》。我们认为，人们太过于关注企业和社会的矛盾冲突，而忽视了两者之间的配合与相互依存关系。当前，我们正在经历的新冠疫情已经充分证明，没有健康的社会，私人企业也无法生存。而当企业无法获得成功时，社会也将陷入巨大的困境。事实上，假如没有政府补贴经济，没有企业支撑就业和疫苗开发，没有非营利组织为弱势群体立即提供援助的话，我们根本不可能战胜疫情。我想，这个三方解决方案，才是解决全球所有重大问题的核心。

不过，在这篇文章中，我们仅仅关注了企业对构建更美好社会的推动作用。我们相信，不论在当时还是现在，在以市场为驱动，解决全球重大问题的过程中，都蕴藏着企业寻找新的利润来源和竞争优势的巨大机会。当然这并不是说，企业追求利润和创造社会福祉不构成矛盾。显然，这种矛盾屡见不鲜，尤其在企业选择实现短期利润最大化，还是选择关注长期社会效益及环境问题时，更是频频产生矛盾冲突。这也不是说，我们认为企业做慈善的意义不大，或是认为企业的社会责任应该被取代。这两者依然都是企业的基本义务。

相反，我们意识到，当今世界上的大多数企业依然在延续几十年前的经营模式。而当时，我们并不明白气候变化所带来的危害，不了解决定人们健康的社会及饮食因素。当时，企业在规划其经营模式，设计其产品和服务时，并没有考虑到相关的社会成本。而在经典经济学中，这些成本均被定义为应由政府出面解决的外部成本，更加剧了企业对上述社会问题的忽视。

而今，我们已经了解了饮食中的高糖、高盐、高脂肪，空气中的汽车尾气排放。这些全都影响了企业的价值和赢利能力，可许多企业依然选择对这些事实视而不见，并打算在未来几年中，仍然维持过去的经营模式。还有另外一些企业，在不必进行重大改变的情况下，却选择去艰难地调整经营模式。这些企业是注重共享价值的企业。他们在正视社会现实的基础上，致力于构建更美好的社会，而在设计全新经营管理模式的过程中，他们也找到了让自己脱颖而出的全新发展机遇。

时至今日，这篇文章已发表十载有余，注重共享价值的企业也在这过程中迅猛增长。他们来自各行各业，却全都在践行同一个理念，那就是在为社会创造积极影响的过程中，企业自身也将从中受益。有无数实际案例都验证了我们的理论，其中，有些案例还被编写进哈佛商学院的教材中。诸如沃尔玛等全球大型企业，已明确将共享价值作为其公司战略和经营的核心。还有一些企业已经深刻地改变了其所在行业。南非的全球健康和人寿保险商发现保险公司（Discovery Ltd）推出了一个奖励健康行为的系统，彻底重塑了保险行业。结果使其保险客户的寿命延长了10年，医疗费用降低了15%。特斯拉公司证明了，零排放的电动汽车是可行的，并借此跻身全球最有价值的公司之一。贝宝（PayPal）推出了小型企业融资服务，极大地帮助了那些难以从银行获得贷款的女性和有色人种企业主，发放了150多亿美元的贷款，并从中实现赢利。思科公司（Cisco）在全球培训了400多万名网络技术人员，其中许多人连高中都没读完。一方面，员工们通过培训，过上了不错的生活，另一方面，企业也打破了阻碍自身发展的最大桎梏。

越来越多的证据表明，人们对企业社会角色的看法正在发生变化。在过去的7年中，《财富》杂志每年都会公布一份在创建更美好社会的过程中实现赢利的企业名单，目前已经积累了数百个案例。企业必须考虑所有利益相关方的整体利益，美国商业圆桌会议（Business Roundtable）为这一观点提供了背书。黑岩集团的首席执行官拉里·芬克提醒企业，气候变化正在从根本上重塑金融系统，企业必须在追求利润的同时，拥抱全社会的可持续发展目标。只有极少数投资基金超越了ESG[①]管理标准，注重共享价值投资，因而在市场上一直处于领跑地位。与此同时，以追求财务回报和社会影响为特征的影响力投资，也经历了指数级增长。简而言之，世界正在向创造共享价值稳步转变。

然而，过去的经营范式是很难改变的。投资者对企业能否为股东创造短期利润的怀疑和压力，依然根深蒂固。许多学习工商管理的学生在毕业时依然认为，他们唯一的目标就是为股东创造最大价值，与金融无关的因素都和股票的价值无关。ESG投资还是继续以那些未经核实的披露信息清单为依据，而其中大部分信息对企业本身不重要，对这个世界也不重要。企业口口声声说致力于实现联合国的可持续发展目标，可如果分析他们的实际行为和发展计划，你就会发现，他们永远都达不到他们说的那么好。激进投资者为了拉抬股价不择手段，即使威胁到公司的长期发展计划，也在所不惜。虽然目前，改变经营范式的过程已有所进展，但令人悲哀的是，大部分企业还是不注重创造积极的社会影响力，并没有将其作为企业战略或经营的核心。

尽管现状不尽如人意，但趋势却十分明显。社会问题是企业

---

① ESG指环境、社会、公司治理三个要素。——编者注

无法回避的问题。不论是企业社会责任的约束，还是慈善力量，都不足以解决这些社会问题。相反，企业必须调整其产品，创造社会价值，重塑企业价值观和供应链，以适应社会和环境现实。他们必须扩大市场，支持利益相关者，改善竞争环境，多管齐下，助力于行业和区域发展。

通过越来越多的案例，我们能够明显看出，那些践行共享价值概念的企业，不论他们选择叫什么名字，都走在通向成功的路上。而那些寄望于通过对企业社会责任"浅尝辄止"和以做慈善的传统方式来应对社会和环境问题的企业，无不在快速丧失价值。学术理论可能会变来变去，"创造共享价值"这套话语可能会一时被人认可，一时不受欢迎，但是，企业管理的制胜战略是将企业作为一股向善的力量，这个基本认识是不会改变的。

五 绿天鹅：即将到来的再生经济体制热潮

约翰·埃尔金顿、理查德·罗伯茨、路易丝·凯勒鲁普·罗珀

当前，资本主义是我们实现可持续发展、循环经济和系统性再生的希望。不过，资本主义正被乌云笼罩，且这是符合规律的。美国经济学家艾文·斯特尔泽（Irwin Stelzer）认为，"资本主义正面临威胁"，但他也表示，关于系统性变革的呼声越来越高，可资本家们却"听不见囚车靠近的声音"。在23岁至38岁的美国人当中，超过半数的人"宁愿活在社会主义（46%）或共产主义国家（6%）。"

有不少资本家其实已经意识到，其财富所依赖的系统正面临越来越大的威胁，至少在某些方面问题越来越多，但是，他们依然只愿意停留在斯特尔泽所说的"呼吁美德"（virtue-signaling）的层面，比如要求适度增加富人的赋税，或多做慈善等。如果不从根本上改变遗产税、自由贸易规则、高管薪酬、员工平均薪酬，以及二氧化碳排放和生态多样性定价等问题，不从真正意义

上推动系统性变革，那么经济的发展必将脱离轨道。

与之形成鲜明对比的是，绿天鹅事件预示着未来的美好时代即将到来。它提供了一个推动指数级变革的模板，旨在实现全人类的可持续发展目标。然而，如此宏大的目标不可能轻而易举实现。在变革的时代，市场体系的秩序会被彻底颠覆，所产生的冲击波，可能将持续几十年，波及好几代人。

在简单分析了风险和机遇的转变之后，我们将结合近年来在沃兰思风投（Volans）的工作经验，重点谈一谈企业未来发展议程中的关键要素。我们将解释"召回"企业发展三重底线（经济底线、社会底线、环境底线）的原因。三重底线的概念，是我们当中的约翰·埃尔金顿于1994年提出的。我们将总结我们与世界企业永续发展委员会、联合国环境署金融倡议（UNEP FI）和欧盟气候变化知识与创新团体（Climate-KIC）等合作伙伴的工作开展情况。此外，我们还将聚焦金融的关键作用，简单介绍一下由沃兰思风投与其他机构联合发起的银行家净零倡议（Bankers for NetZero）。最后，我们将围绕全球绿天鹅事件的识别、刻画、分析和市场动态支持，介绍绿天鹅事件观察站的工作情况。首先，让我们从天鹅事件的定义开始。

天鹅事件的识别

敏锐的读者很快就能发现，沃兰思风投推出了不少颇具影响力的作品。黎巴嫩裔美国作家、风险分析师、前期权交易员纳西姆·尼古拉斯·塔勒布（Nassim Nicholas Taleb）于2007年出版的《黑天鹅》，就是其中之一。该书的副标题为"如何应对不可知的未来"，主要讨论的是黑天鹅事件的影响。他出书的时机实在太巧了。就在这一年，全球经济开始沦陷，并演变为一场史无前例的金融风暴。

塔勒布在书中开门见山地说，他做了一件前无古人的事情，那就是"打破众人的思维定式，指出我们的世界是由未知且不寻常（超出了我们认知范围）的极端事件所主导的。而与此同时，人们却把精力花在了无关紧要的事情上，只关注那些已知的、重复发生的事情。"

我们没有严格遵照塔勒布的定义，而是套用了他关于"黑天鹅"的比喻。他用"黑天鹅"事件来比喻那些让人始料未及且不可预测的负面市场事件。当此类事件发生之后，往往对市场产生颠覆性影响。

目前，市场已经明确定义了"黑天鹅"和"灰天鹅"事件。而所谓的"灰天鹅"事件，是指那些可以预见的意外事件。此外，我们还增加了"绿天鹅"事件和"丑小鸭"事件这两个新概念。前者是指在市场上、技术上、政治上或其他方面造成指数级转变的意外积极事件，这类事件最终将引领我们步入再生型经济未来；后者是指尚在酝酿当中、尚未推动"绿天鹅"事件发生的组织、技术、项目、理念和思维模式等。

2019年，在哥本哈根的一次企业峰会上，我们启动了"绿天鹅"议程。该峰会由丹麦工业联合会（Dansk Industri）主办，丹麦的时任首相梅特·弗雷德里克森（Mette Frederiksen）、来自丹麦和瑞典的多位王室成员以及1300多名首席执行官和商界领袖出席了峰会。丹麦是安徒生的故乡，而安徒生是《丑小鸭》的作者。因此，在这里举行这次峰会，可谓再合适不过了。

然而，那天真正让我们感到震撼的，是丹麦政府、丹麦工业联合会和广泛的企业界代表同心协力推动企业绿色转型的决心。"绿天鹅"经济正处于酝酿之中？但愿如此。当然，这个时机看起来也相当不错。

我们的工作提示我们，世界已经进入了某种U形弯道。这绝对不是一次普通的经济衰退，也不是宏观经济和政治秩序的新旧交替。随着我们在U型弯道的底部越陷越深，最令人困惑、最不确定的时期已经到来了。从历史经验上看，这一时期，也是重大冲突频发的时期。

夜不能寐的企业家们

资本主义之所以成为人们关注的焦点，部分原因在于，它在经济中植入了短视思维，对全球生态环境构成了威胁。资本主义加剧了更广泛的系统性危机。可不幸的是，资本主义的默认设置否认了其崩溃的可能性。但这种否认并不能掩饰生态破坏的脚步：气候变得越来越不稳定，生态链遭到破坏，海洋日渐酸化。事实上，有证据表明，21世纪20年代，人类将见证大自然一系列的报复，主流科学和经济范式将发生史无前例的快速转变。

美国式资本主义造成了巨大的贫富差距，引起了人们的强烈关注和广泛批评。于是乎商业媒体刊登出了整版文章，标题是《资本主义让企业家们夜不能寐》。据彭博社估计，桥水基金（Bridgewater Associates）总裁雷伊·达里奥（Ray Dalio）的资产高达近170亿美元。他从12岁起就信奉资本主义，可是时至今日，他却在社交媒体上告诫自己的粉丝："我是一个资本主义者，但就连我自己，也认为资本主义已经积重难返。"

研究长期经济周期的学生或许会得出这样的结论，未来最有可能发生的情况是：资本主义关键要素在烈火中灭亡，而新的要素从灰烬中重生。这样的新旧更迭，在历史上屡见不鲜。然而最可悲的是，在更遥远的未来，化为一片废墟的，将是我们的自然环境。

这一观点意在探究资本主义是如何运转的，是如何在更广范围内影响世界的，不涉及支持与否。和自然界一样，资本主义也在经历能量周期，流行经济学家称其为"繁荣"和"萧条"。在多种创新的轮番推动之下，我们的经济周期，将随着炒作周期而浮沉，从极度兴奋时期转向"非理性繁荣"时期；投资阻力和发展阻力也日益增加。通常，繁荣周期结束之后，会迎来各种形式的萧条和深刻的蜕变，进而激发适应性变革。如果一切顺利的话，最终将迎来复苏周期。

正如作家菲茨杰拉德[①]总结的，"检验一流的智力的标准，就是头脑中能存在两种相反的想法但仍保持行动能力。"我们不是要强调我们的三元智力或大脑的抗压能力有多么强，但我们的工作，确实是针对两种截然相反的观点，不断深入解读，探究其中的道理。

第一个观点是：我们将进入地狱般的未来，一切系统都将失灵。气候、生态、经济和社会等关键要素，将会加速分崩离析。创业公司谈论着他们的"烧钱速度"，也就是他们花光别人钱的速度。后工业化时代的智人亚种（又称经济智人，或工业智人）正在以创业公司的方式，以令人眩晕的速度，将地球资源消耗殆

---

① 全名是弗朗西斯·斯科特·基·菲茨杰拉德（Francis Scott Key Fitzgerald，1896—1940）美国现代作家编剧，著有《了不起的盖茨比》等作品。——编者注

尽。我们将面对截然不同的现实，有人称为"报应时代"，也有人称为"人类世"（the Anthropocene）。

在这样的未来中，人类这个物种将发挥类似于地质力量的绝对影响，这将是全球首次出现这种情况。随着影响的持续，世界将陷入塔勒布所说的一系列"黑天鹅"事件的负面影响中，这些问题会导致世界指数级恶化，超乎普通人的想象，更别提该如何应对和解决了。"黑天鹅"是超出正常预期的极端戏剧性事件，影响力巨大，而且其发生往往让人摸不着头脑，即便从事后的角度，也非常难以理解。这意味着，我们无法从自己的错误中吸取教训，只会在不知不觉中陷入下一轮灾难的深渊。

接下来，让我们放松心情，研究一下"黑天鹅"这个标签。如果说，"黑天鹅"事件不会对所有人造成实质的冲击，那至少也会令许多人感到震撼。以第一次世界大战之后战败的德国为例，恶性通货膨胀为纳粹的崛起创造了条件。因此，你可以说，对于惩罚战败国的人来说，这是他们始料未及的"黑天鹅"事件。战争赔偿是当时的标配做法，对于德国人也是如此。然而，其造成的长期后果，却完全超出了1919年战后赔款条约的签署者们的想象。

同样，有些人认为气候变化也是"灰天鹅"事件，因为相关的风险，我们已经谈了几十年了。一旦地球变暖幅度超过2摄氏度的门槛，气候变化引发的一系列社会崩溃将接踵而来。届时，很可能会引发真正的黑天鹅事件。而原本就极为脆弱的经济、社会和生态环境，很可能会以超乎想象的速度尽数瓦解。

与第一个观点截然相反，第二个观点坚信，在世界的某些地方，某种突破正在悄然发生，随之而来的将是具备更多可能性的未来。这个世界充满了非凡的创造力、创新力和企业家精神。许多大型企业的生态和自然资源消耗率正在下降，而且下降速度越来越快。如此的未来预期是与第一种观点完全不同的，其日益明显的"绿天鹅"特色符合下列定义：

> "绿天鹅"事件是指一种深刻的市场转型，"黑天鹅"和"灰天鹅"事件通常会对其起到催化作用，比如推动范式、价值观、思维方式、政治、政策、技术、商业模式及其他关键因素的变化等。在推进经济、社会和环境方面，"绿天鹅"事件可以产生指数级变化。就算在最差的情况下，"绿天鹅"事件也至少能在推动两个维度的同时，维持第三个维度不至恶化。"绿天鹅"事件有可能会遭遇调整期，在一个或多个维度出现不尽如人意的情况，但是，其最终目标依然是寻求三个维度的整体突破。

绿天鹅事件不是普通的事件。从某种意义上讲，它是在积极的指数级推动和塑造之下，形成的一种与众不同的进步形式。与直觉相反，它往往出现在黑天鹅事件之后的废墟之中，就像浴火重生的凤凰。试想一下，在火山爆发或破坏性捕鱼禁令之后出台，大自然是如何恢复往昔繁盛的。不过总体而言，绿天鹅事件的发生并不会让我们大吃一惊，因为在相当长的时间之内，我们原本就一直在往这个方向努力。

不过，黑天鹅和绿天鹅事件的发展轨迹并不是非此即彼的，它们可以并行。这种情况在我们周围时有发生。黑天鹅有时会露出绿色羽毛，绿天鹅有时也会露出黑色羽毛。比如，制造电动汽车所需的原材料，或许会牵涉环保问题。我们都希望与人为善，但是，在经济系统中，与黑天鹅相关的经济因素和与绿天鹅相关的经济因素之间，残酷的斗争一刻都未曾停息，过去、现在、将来皆是如此。这就是达尔文所说的物竞天择。谁会不经抵抗，就轻易放弃自己与生俱来的权利和未来呢？就算他们的争取会威胁到其他人或其他物种的未来，也在所不惜。

这说明人类对大自然是存在误解的，自然并非总是通过竞争来实现进化，而是非常强调合作与共生的。这才是自然的真相，也几乎是所有解决方案的核心。

最后，为了进一步打开我们的思路，除了黑天鹅、灰天鹅和绿天鹅事件，还剩第四个关键术语需要解释，那就是"丑小鸭"事件。在同名童话中，丑小鸭其实是一只小天鹅，由于小时候长得和天鹅不一样，而受到了天鹅群的排挤。同样，当我们第一次展望未来时，它看起来同样是那么陌生。接下来，让我们来看看，"丑小鸭"事件的含义是什么：

"丑小鸭"事件是指，处于早期阶段的某种概念、思维模式、技术或企业，有潜力推动绿天鹅事件。在早期阶段，你很难发现它的潜力，除非你知道自己要找的是什么。所有在未来具有突破性的解决方案，在当下看起来都非常奇怪。而最终，我们对其给予的关注和资源远远低于它们所需要的，或者说，如果从2030年以后的未来视角回顾现在的话，我们对其并没有给予应有的重视。

由此可见，丑小鸭事件越来越多，是决定是否出现绿天鹅事件的关键前提。因此，为了人类更美好的未来，我们一直在以下五个方面付出着不懈努力。

1. 三重召回底线

发明者将自己发明的管理理念予以召回，这种事的发生概率有多大？我们很难想到这样的案例。相比之下，在实体行业，如果一款产品在面市后出现了问题，厂家会予以召回，重新测试，进行必要更新。汽车行业就是一个这样的例子。如果厂家粗心大意，政府还可以加以监管，定期开展道路安全测试，以确保公共安全。

但如果践行管理理念的内部环境缺乏监管，在这种情况下一旦出了问题，往往会被企业的董事会或高管压下来。有时，糟糕的管理系统会危及人命，例如航天系统、航海系统、交通系统和医疗系统等的问题，会给所有企业、经济部门和整体经济带来风险。

想明白了这一点，我们便在《哈佛商业评论》周刊上，发起了有史以来第一次对管理理念的召回。2019年是三重底线问世的25周年纪念。1994年，本文的作者之一约翰发明了这个术语，用来指代从社会、环境和经济三个角度衡量企业可持续发展的一个管理框架。我们之所以要召回，是想对其进行重新设计。

事实证明，我们躲过了一劫，尽管这并非我们的本意。几个月后，阿南德·吉里达斯（Anand Giridharadas）出版了极具煽动性的著作《赢者通吃》（*Winners Take All*）。吉里达斯一向以讽刺财阀而闻名于世。他认为，富人是打着慈善的幌子，假装在改变世界，其真实目的是维持现状。黑岩集团的首席执行官拉里·芬克虽然曾专门给股东们写信，鼓励董事会在制定发展策略时针对伦理、社会和环境问题，采取更多的行动，尽管他对可持续发展问题已经重视且干预到如此地步，但只要黑岩集团继续投资埃克森美孚等破坏气候环境的公司股票，那么，它的干预就只能被视作一种迂回战略。吉里达斯并没有花太多篇幅讨论三重底线，只是提到了我们对这一概念进行了召回。

我们重新设计了三重底线的企业管理框架，以企业向再生型经济的快速转变为背景，讨论了使用三重底线概念的必要性。

2. 明天资本主义探询

鉴于人们对三重底线概念的召回越来越感兴趣，我们启动了一次调查活动。这是因为，人们已逐渐意识到，现代资本主义的失败，是不可能简单地通过某一家企业调整其供应链，就能解决的。就连所有企业彼此联手、同心协力时，也未必能够解决。毫无疑问，当我们不断探索可能的极限，共同制定应对全球挑战的方法时，手段是至关重要的。而归根结底，我们目前面临的是政治问题。至于这次调查活动的目的，是试图研究企业如何成为系统性变革的催化剂。目前，经济、社会和环境之间的逻辑是：当前的经济系统正在破坏全人类赖以生存的社会系统和生态系统。企业可持续发展进行了长达25年的时间，却未能阻止这一破坏趋势，更别提逆转了。所以，现在是时候采取新的思考和行动方式了。

人们需要对自己的行为负责，这一点并没有改变。事实上，不仅没有改变，而且要求更高了。在指数化效应逐渐显现的今天，与企业和政府相关的诸多风险依然如旧，甚至在快速加剧。现在企业所面临的，是在积极投身建设更稳健的再生型经济的过程中，产生的更多挑战。

稳健和再生都是经济的系统属性。这意味着，企业管理的首要任务，是从内部流程优化向拓展外部关系转变，从而创造改变市场、更好地为人类和地球服务的机会。因此，政府采购和政务等职能，成为企业发挥积极推动系统性变革作用的关键。

显而易见，几十年来，部分企业一直在为一己私利制定"游戏规则"，只是程度有所不同而已。在通过政治行动解决气候变化等问题的过程中，上述企业中的主力军也是损失最大的。现在，轮到企业中"沉默的大多数"来解决问题了。他们更为担心的是气候变化失控所带来的危害，而非在碳价格上升的情况下企业通过积极游说获得政策支持来纠正市场失灵，甚至将"竞争环境"向造福人类和地球福祉倾斜。换言之，现在，所有企业都必须成为积极的政治活动家。

在2020年1月初启动的明天资本主义论坛上，我们发布了其中的部分结论。这次活动的副标题是"要么站出来，要么别挡路"。

3. 转型议程

在今天这个时代，沃兰思风投一直在与全球伙伴广泛开展合作，不断检验并改进我们的思路。例如，在调查活动的第二阶段，我们和世界企业永续发展委员会合作，研究经济体制的结构转型，这对于实现其2050年愿景（用在地球有限的资源让90多亿人过上美好生活）、兑现企业在资本主义转型中的作用而言，十分必要。为此，在此次合作的研究报告《重塑资本主义：转型议程》中，我们提出了彻底改革的理由：

> 资本主义及其对社会和环境造成的影响，一直都备受关注。就连最坚定的资本家也开始认为，当前的发展模式是不可持续的，不论在社会上、环境上还是经济上，都存在问题。而作为资本主义的核心主体，私营企业和竞争市场是解决当前巨大社会问题、释放转型动能，实现可持续发展目标的关键。

此报告综合了目前所有关于资本主义为何需要重建的重要思考，为营造企业长期发展环境，以及企业、投资者和决策者为推动转型所采取的行动，提供了很好的思路。这项工作主要是想传达一个关键信息："现在已经到了企业和投资者上场并引领辩论的时候了，不光要辩论资本主义为何需要转型，还要辩论我们该如何推动转型。"

我们所需要的资本主义，是能够真正创造价值的资本主义，而不是今天这种只知索取资源的资本主义。具体而言，这意味着，企业需要将所有社会和环境的成本及收益考虑在内，并在产品和服务价格、公司损益表、资本成本和市场估值中体现出来。

报告认为，要实现这样的资本主义，我们需要对驱动企业和投资者行为的激励因素进行统一，采取全新的、更好的业绩衡量标准，解决市场失灵的问题，将真正的价值创造置于纯粹的财富

索取之上。重塑后的资本主义模式将解决这些问题，并具备五个
特征：以利益相关者为本、内化影响、长期发展、再生循环以及
问责制。

按照上述建议重塑资本主义，需要企业、投资者和政策制定
者相互取长补短，自营部门主动配合，加上法制和监管改革的支
持，多措并举。因此，企业在资本主义转型中，可以发挥下列重
要作用：

● 言出必行——调整企业的经营模式、决策流程、治理模
式、激励制度，研究相关的税务、薪酬、报告和会计问题，将创
造民众喜闻乐见的真正价值作为发展的目标。

● 利用企业与其他利益相关者的关系，包括供应商、客户、
政策制定者和社会界等，影响资本主义的整体规范和规则，重塑
资本主义。

● 重新考量关键绩效指标，寻求企业业绩的新定义，并树立
投资者对业绩的新认识。

4. 银行家净零倡议

很明显，要想实现向稳健再生型经济的成功转型，就必须获
得所需的融资，而资金来源，则需要公共和私营这两种渠道。尽
管有大量资金流入了与环境、社会和治理相关的各类基金，但从

整体上看，金融系统并没有领悟转型的重要意义，也没有搞清楚资金流动对全球经济体系的推动作用。

考虑到这一点，沃兰思风投与英国议会跨党派公平企业银行业小组（All Party Parliamentary Group on Fair Business Banking）和专注于可持续金融领域的战略咨询公司"重构"（Re: Pattern）共同发起了银行家净零倡议，旨在寻找积极的解决方案，加速实现净零目标，鼓励银行业发挥积极作用，为英国经济实现绿色复苏和净零转型做出贡献。

通过在企业、金融业和政府之间开展合作，银行家净零倡议正在探索的议题是，当政策、监管和私营部门步调一致时，金融业在实现净零转型方面能够释放出多大的潜能。

5. 绿天鹅事件观察站

我们的《绿天鹅》一书已于2020年4月正式出版。截至2020年底，我们就这一主题，已经进行了100多次线上演讲。不断有人希望我们提供更多关于民生、市场和全球问题的资讯和案例研究，绿天鹅事件线上观察站是我们对此需求采取的对策。我们希望借助这个平台，为应对全球挑战的指数级解决方案，提供持续更新的信息。

我们期待一个翻天覆地的未来，一个人类为世间的万物服务，而非万物为人类服务的未来。当许多问题呈现指数级爆发时，我们必须尽快找到指数级对策。因此，绿天鹅事件观察站的关注对象应该是能够直接或间接推动向再生型经济指数级转型的思维、市场、技术、政治和文化，也就是我们所说的绿天鹅事件。

在2019年的绿天鹅日（Green Swans Day）系列活动中，我们在"2020年明日资本主义论坛"上启动了联动变革议程。这次论坛由我们和英杰华投资（Aviva Investors）联合主办。该议程的初衷很简单，就是希望通过五年的推广，确保在2025年之前，让再生型经济发展进入企业董事会和高管的议程当中。

我们正处于全球范围内的再教育过程中，这一过程将持续几代。为不同层面的教育投入资源，是我们的社会做出的最佳投资之一。这种投资将会产生可观的长期回报。对终极绿天鹅事件的不懈追求，或许就是其中之一。

登月创举三连问：为什么做这个？
为什么现在做？为什么由我来做？

纳文·贾恩、约翰·施罗德

　　要想成功创建新一代企业管理架构，当务之急就是要打破现有的思维定式。也就是说，企业需要打开思路，学会在发生了根本性变革之后的体制中经营，不再走"过去的老路"。好消息是，这件好事虽然很难，但是很有价值。不过，它常常会让人觉得违反直觉，甚至有些不舒服，因为它改变了我们过去的一贯做法。

　　老话说得好，"我们不能用制造问题的思路，去解决问题"。事实也的确如此。但需要补充的是，我们也不能指望，用过去的思路去解决由今天的解决方案在未来引起的问题，尤其是基于善意的出发点而提出的……比如，可持续发展。

　　等等，你说什么？

　　没错。尽管在这个全新的"后常态"时代中，这种观点听起来或许让人不舒服，但我们必须学会与矛盾的、反直觉、反事实的思路做朋友。

可持续发展思路的根本问题在于，它再次强化了稀缺资源的价值。事实上，这一点恰恰是这种思路的致命缺陷。因为在这一思路基础上，提倡可持续发展的思维模式，只能不断强化以稀缺资源为基础和驱动力的经济发展。这会导致另一个问题：面对不断增长的人口和需求，可持续发展根本就是不可持续的！

事实上，我们需要的资源比这多得多，而且十分紧迫。到2050年，我们所消耗的资源将是今天的两倍，两倍的水，两倍的食物，两倍的能源，两倍的土地，两倍的医疗服务，两倍的教育资源。就算有再多的资源保护政策，再周详的可再生能源或可持续发展规划，也不可能满足我们对地球这艘"飞船"的予取予求。

要解决这类问题，需要彻底改变思路，用颠覆性、革命性的思维方式，打破思维定式，粉碎行为范式。我们需要的，是那种能带来真正惊喜效果的思路。让我们来告诉你，为什么必须重新想象企业这个概念及其对世界产生的影响，这样做又意味着什么。

我们正在迅速接近坐标系上的需求转折点。从这个点开始，对资源的需求直线上升，超过了现有资源、可再生资源及其他资源的增长速度。如果资源供应小幅增长是线性的，而需求增长却是指数级的，那么，这种可持续发展将会很快耗尽所有资源。这种结果以及由此引发的全球危机，是不言而喻的，根本不需要做高精尖研究的科学家或经济学家多加解释。因此，企业需要做的是开源，创造更多的资源，而不是节流，减少我们的消耗。要想做到这一点，企业必须采取截然不同的经营方式。换句话说，我们需要离开平坦区，也就是摆脱主导当前思路的二元对立局限，不要非左即右，非X即Y，非黑即白。我们需要做的，是进入"维度Z"。

这个维度是想象力主宰的领域，来自你的卓越洞见。你需要找到解决全球重大挑战的全新解决方案，将问题转化为巨大机遇。当你全身心投身于解决问题、迎接机遇时，你就能发现许多意想不到的解决方案。这些方案能够成倍放大人类的创造潜力，解决最难的全球问题，为普通人赋能，让人人都过上富足的生活。

这就是新兴企业管理理论的要义："全面繁荣"。其意义是要创造出企业兴旺、人人富足、自然繁茂的世界。然而，要实现这一愿景，首先就必须面对诸多挑战。最大的挑战在于，人们很容易只关注眼前的现实世界是怎样的，而不去想象它将来能成为什么样子，就连不少聪明的企业家也未必能做到这一点。如果你满眼都是世界现在的样子，那么，你将屈服于某种命运，被熟悉的思维束缚住手脚。然而，这不过是当今焦虑世界的另外一个版本，在本质上别无二致。认清了这种平坦区的默认发展走向，就是我们改变思路的开始。我们只有改变了思路，才能得到我们梦寐以求的"新的"正确答案。

众所周知，目光短浅、线性思维和渐进解决方案是不可能帮我们过上富裕生活的。我们的目标是让世界拥有全新可能性。如果一开始，我们就从结局往前倒推，就能一目了然地看到，我们现在需要的解决方案不是一般的宏大，而是指数级的宏大。这无异于对未来的彻底重塑。我们要以未来的思维创造未来，靠过去的经验是不行的。这一切，都取决于思路。

一切都是从我们的信念开始的。我们相信无限的可能性，相信我们能够发起一场运动，彻底改变全社会的思维方式。这是社会发生结构性转型的时刻。但严格说来，一个社会是没有所谓思维方式的；只有人，才有思维方式。至于延伸至社会变革的层面，也是从个人的思维转变开始的。所以，我们不妨设身处地好好思考一下，一个简单的思想转变，究竟能够在建设更美好、更繁荣未来的过程中，发挥多大的作用。

* * *

不论哪个行业，当我们打算开一家创业公司，或打算在现有公司中推出一个大胆计划时，我们都要先问自己下面三个问题：

（1）为什么做这件事？

（2）为什么现在做？

（3）为什么由我来做？

这些看似深奥的灵魂拷问，可以帮助你彻底改变自己的生活，进而放大你的目标，影响许多人的生活。下面，我们将逐一讨论这三个问题。

为什么做这件事？

从长期角度看，我们生活在一个变革的时代。可是，在哪个时代，人类没有经历过动荡、冲突和混乱呢？！疾病？瘟疫？饥荒？无知？浪费？环境危机？经济机遇？清洁饮水？人身安全？国家安全？幸福安康？腐败？贫困？慢性疾病？所有这些问题当中，究竟哪一个会首先爆发呢？

上述每个问题都关系着全球上亿人的生活。当然，需要解决的问题，总是层出不穷，数量庞大。从每个问题，我们都有机会寻找到全新的解决方案，它们往往释放着无穷无尽的机遇。我们有充分理由感受到希望并保持乐观。的确，在我们的思维模式中，一切皆有可能。问题越大，机遇也越大。所以，不妨问问自己，假如你的事业成功了，你会通过这样或那样的方式，帮助数十亿人过上更好的生活吗？如果你的事业不能带来巨大变化，那说明它并不重要。

这让我们联想到登月思维的本质：着眼全局，这也是我们"新企业理论"的核心内容。现如今，试着以着眼全局的方式思考，要创办价值千亿美元企业的最佳方式是什么呢？答案是：帮助数十亿人过上更好的生活。启动一项登月计划，听上去难度很大，但其实，它或许比你树立一个小目标、创办一家小公司更容易。更重要的是，许多人认为"疯狂"的事情，有可能做起来并不难。这样的案例在历史上比比皆是。

事实上，生活中的每一次突破，从启动到完成，在外人看来都是疯狂且不可能的。丹麦物理学家尼尔斯·玻尔（Niels Bohr）曾对物理学家沃尔夫冈·泡利（Wolfgang Pauli）说："我们都认为你的理论是疯狂的。我们的分歧在于，它是否疯狂到有可能正确的程度！"如果人们不觉得你的想法疯狂，这说明你所做的事，并不是登月级别的创举。

你想要颠覆什么行业？你希望拥有怎样的未来？如果你不行动的话，未来会是什么样子？不论是否行动，你的决定都将影响未来。所以，什么会促使你打开"将梦想付诸行动"的开关呢？市场上从来不缺重大机遇，只不过它们一直在等待像你这样实干的人，下决心通过实际行动，去把握住其中的某一个机会。

如果你用这样的思路来应对全球挑战，你就能用截然不同的思维方式，来思考解决方案了。你将看到，有些方案影响的不是几十万或上百万人，而是数十亿人。

为什么现在做？

回顾过去几年，发生了很多令人惊艳的技术进步。展望未来数年，还会有多少十年前连想都不敢想的进步，来帮助我们解决重大挑战呢？这里产生了一个悖论：我们可以"利用"明天的技术，来解决今天的问题，因为从本质上讲，技术进步的指数级影响本身就既令人惊奇，又具备欺骗性。

我们通常都习惯于线性思维，所以，我们都忽视了技术进步带来的指数级影响。即便刚发生不久，其影响也是巨大的。在过去30年间，技术的成倍进步带来了产能的十亿倍增长。最关键的是，我们可以利用现有科技，去创造、利用和部署未来科技，以创新的方式解决全球重大问题，进而影响数十亿人的生活。下面，让我们来看一个案例，看看企业发展计划与未来科技进步是如何结合的。

Siri是首个实现了规模商业化的智能语音助手，诞生于斯坦福国际研究院（SRI International）的DARPA CALO人工智能项目。CALO项目是2003年启动的一个为期5年的人工智能项目，总预算为2亿美元，共有400名科学家和工程师参与其中。该项目的首席架构师亚当·切耶（Adam Cheyer）将其描述为一次志在高远的努力，旨在将人工智能零散而孤立的方方面面，"整合为一个接近于人类的、能够从环境中不断学习的系统"。他将这个远大的目标形容为人工智能领域的曼哈顿计划。该项目于2008年结束，Siri作为其成果闪亮登场，并获得了2400万美元的风险投资。Siri团队一直将智能手机作为这项技术服务的首选平台。但在公司成立之时，智能手机的功能还没有成熟到足以支持该项服务，但他们很清楚，时机很快就会到来。果不其然，2009年6月，智能手机iPhone 3GS为Siri提供了必要的处理能力和无线带宽。一年之后，Siri成功被苹果公司收购。

同样，谈到我（纳文·贾恩）的生物科技公司维奥姆检测公司（Viome），夙愿是创建一个没有疾病的世界。可我从来不敢想，自己能在一年甚至十年内实现这个愿望。在创办维奥姆检测公司之初，我们就明确了一个庄严的使命，通过预防并逆转慢性疾病，使疾病不必然发生。为了实现这个大胆的目标，我们需要做三件事：实现人体数字化、完成人体解码、破译人体奥秘。为了让人体数字化和解码更加可行，首先就必须大幅降低基因测序的成本。我们刚刚启动项目时，完成一次人类基因测序要花费1000美元。当时我们希望这个成本能在未来几年内降到100美元左右。时至今日，基因测序的成本仅为10美元。因此，在我们期待科技进步、成本下降的同时，事实向我们证明，我们当初的预期仍过于悲观了。

在实现人体数字化之后，下一个挑战就是人体海量数据的解码成本。我们当然知道，云计算技术正在快速发展，但我们处理一次人体数字化信息解码的成本依然将近40美元。我们当时希望，解码成本能够在未来几年内下降到10美元左右。而再度令我们惊讶的是，目前解码的成本已经降到了约1美元。这一次，就连我们对前景的乐观展望，也被证明是太过悲观的。成本的下降，在很大程度上得益于计算成本的大幅下降，技术进步的速度已经超过了摩尔定律。前不久需要用超级计算机并耗资巨大才能完成的计算任务，如今在联网的电脑桌面上，可以以很低的成本完成。

而重点是：在项目之初，我们就获得了开展科研所需要的所有支持。正因为什么都不缺，我们才得以起步。没错，虽然当时仍然充满着各种未知，仍然有许多研究工作要做，我需要的额外技术支持在当时也并不存在，但我们知道前进的方向是什么，这也让我们得以预测，需要在未来哪个时间点加入哪些必不可少的技术来开展研究，以便在技术进步到相应节点时能够及时采用。对于我们而言，这样就足够了。

歌德有句名言："不管你能做什么或梦想你能做什么，开始去做吧。胆识将赋予你天赋、能力和神奇的力量。现在就开始去做。"

为什么由我做？

俗话说，每个人都希望自己是独一无二的。而事实上，你本来就是独一无二的。这种独特性一旦被激活，便可成为你的秘方。一旦这样的特质遇到充满可能性的创意和富有远见的价值观时，就能被成倍放大，迸发出惊人的创造力。

综上所述，这些属性构成了独一无二的你。面对未来的重大挑战，面对只有你能提出的这些问题，你会有独一无二的反应和答案。你提的问题越疯狂，就越是好问题。下面，让我们来看几个案例。

月球快车（Moon Express）是笔者的私人企业投资项目，旨在建立一个多星球社会。笔者投资这个项目的原因很多，而其中最重要的一个原因是相信光靠月球上的资源，就可以完全解决地球上的能源问题。在讨论如何建立月球前哨站时，每个人都问了同一个问题："我们怎样在月球上种粮食？"好吧，让我们换一个截然不同的问法，一个疯狂的问法。不要问我们该如何种粮，要问："我们为什么需要粮食？"

这样做的关键意义在于，如果我们只问第一个问题，那么所得出的可能的解决方案，都会导向如何在恶劣环境中种植粮食的角度。而如果我们问的是第二个问题，则会突然间涌现出无数可能性，甚至包括极端可能性。现在，我们就来展开讨论这个问题。

人要吃饭，因为我们需要能量和营养维持生命。所以，让我们重新构建问题，不要问我们如何种粮，而应该去问，我们需要的是什么。比如说，我们知道，辐射对人体是有害的。我们还知道，在高辐射环境中，许多栖息于人体的细菌的存活却完全不受影响。因此，当我们思考如何为身体提供能量和营养这个具体问题时，不妨同时联想一下，在月球环境中，如何解决其他与栖息地相关的共性问题。

美国国家航空航天局正在调研解决方案，其中之一就是挖掘地下栖息地，这将保护在月球上的宇航员免受宇宙辐射和严寒的影响。但是，住在地下会让人感到压抑。谁愿意万里迢迢地来到月球，只为住在洞穴之中呢？更别提更遥远的火星了。或许还有更好的办法，虽然听起来有些疯狂，但有没有可能，改造人类的基因，使其变得能够耐受辐射呢？假如这是可能的呢？随着CRISPR基因编辑[①]技术的诞生，这一问题的解决方案已经呼之欲出了。但现在该怎么做呢？我们在哪儿能够找到抗辐射基因？该如何对其进行编辑？又能否奏效呢？

研究发现，有些微生物不仅能在辐射环境中存活，还能在辐射环境中茁壮成长。实际上，它们消耗辐射产生的废物，作为自己的能量来源！它们将辐射当饭吃。这之中有一种耐辐射球菌，是世界上最强大的极端微生物。所以，让我们想一想，如何能将其他生物的基因编辑到人类的DNA中，会发生什么事呢？如果你

---

① 基因编辑问题尚存在伦理问题亟待解决。——编者注

刚好是一名宇航员，或者你梦想成为一名宇航员，你或许会选择缓步动物的Dsup蛋白质。或许你从未听说过缓步动物。它们又叫水熊，看起来像是跳蚤和海牛的杂交品种，是一种用显微镜才能看清的动物。缓步动物是非常坚韧的小动物，能够在接近绝对零度的温度下生存，它们还表现出对辐射和其他物理极限的非凡耐受力。为了搞清楚它们究竟有多坚强，2007年，欧洲航天局将缓步动物送进了近地轨道。它们在太空舱外的环境中生存了12天，着实难以置信！它们的DNA难道是为月球生存定制的吗？

别急着觉得这是在哗众取宠。就在几十年前，CRISPR基因编辑技术也只存在于人们的幻想之中。现在，让我们将相关思考、疑问与现实结合起来。首先，挑战现状就是从敢于大胆假设和提问开始的。当你做了一个大胆的假设，提出了一个大胆的问题，你的提问就和其他人的提问有了本质差别。而这种差别，将带来截然不同的结果。

当初考虑创办企业，也就是后来的维奥姆检测公司时，笔者会去问那些愿意听我讲话的人："试想一下，一个不必然发生疾病的世界，会是怎样的？如果有人能创造这样的世界呢？你难道不想参与创建这样的世界吗？我并不是说我正在做这件事，或者我打算如何做这件事，我只是想说，这是可能的。"所以，这不是在争论什么。你只需要问，有可能存在这样的世界吗？如果你相信，这样的世界可能存在，你能够预见它的出现，那么为什么它不能够被创造出来呢？假如我换一种问法，从一项具体的技术或特定的解决方案开启话题，人们会立刻开始和我辩论，因为他们根本不相信那会成为现实。但笔者不会这么问。如果只是让他们考虑可能性，他们十之八九都会认同这是可能的。一旦我们确定了可能性的存在，唯一的问题只剩如何实现了。而这一切的开始，于我而言，只是问了一个非常特别的问题而已。

创办维奥姆检测公司的经历，再次证明了这一点。当我们进行竞争对手调研时，我们发现，每个人在寻找解决方案时，关注的方向基本上都相同，无非是关于人的DNA和肠道中的微生物构成。换句话说，他们提出的问题大多是关于慢性病患者和健康人的体内，微生物群有什么不同。简言之，他们的问题是在推测遗传学和微生物群与疾病之间的关系。

结果，他们连问题都没问对。为什么？因为没有基因编辑技术的干预，一个人的DNA是根本不会改变的！当我们变得肥胖时，我们的基因不会改变；当我们得了抑郁症、糖尿病、心脏病、阿尔茨海默病或任何自身免疫性疾病时，我们的基因都不会改变。但是我们很清楚，人确实会得慢性病，所以我们就会问，其致病机制会不会不是基因，而是基因表达？如果这个推断为真（已证明的确如此），那么，一个人有可能携带所有致病的基因，但只要它们不被表达，就根本没有关系！如果你能阻止它们的表达，那么即便一个人携带着致病的基因，也不会对其健康造成影响。

显而易见，这种独特的视角重新定义了这个问题。如果我们的任务是预防和逆转慢性疾病，那么我们需要关注的是其中的变量，也就是基因表达。我们真正要问的，是当慢性疾病开始出现时，体内的哪些基因得到了表达？由此，我们发现了与微生物组相关的重要线索。微生物组包含了人体内1000000亿个微生物，上百种不同的细菌支撑着人体的代谢和免疫系统的运转。我们的问题是，这些微生物的基因表达是什么，而不是简单地去识别它们本身是什么。结果证明，这些"被遗忘的器官"是我们幸福的源泉。当然，从不好的一面看，它们也是许多疾病的源头，尤其是慢性疾病。有趣的是，微生物组对人体健康的作用一直都被忽视，直到最近才被发现并重视起来。而我们公司对于微生物组的理解，在不断改革的医疗行业中，一直处于领先地位。

我们所提出的问题，触及了其他人认为理所当然的一些共识的根基。你可能会对这些根基的漏洞之多感到惊讶。关于这一点，美国作家兼导演迈克尔·克莱顿（Michael Crichton）是这样说的："科学工作与共识毫无关系。共识是政客们的事。在科学中，共识是无关紧要的，可以复制的结果才是最重要的。"

结论：打破共识

事实上，史上最伟大的科学家之所以伟大，就是因为他们打破了共识。因此，建议大家在没有想清楚属于自己的独特目标之前，不要盲目行动。正如马可·奥勒留（Marcus Aurelius）在《沉思录》（*Meditations*）一书中写道的："人真正的快乐在于完成自己命中注定的使命。生而为人，命中注定与人为善，超越感官的刺激，区分现象与本质，钻研普遍的自然现象及规律。"

那么，你命中注定的使命是什么？什么事情真正为你指明了方向？如果一件事与使命感产生了强烈共鸣，那这肯定是件好事，而且很可能就是你命中注定的使命，你愿意用一生去为之奋斗的使命。你知道它是什么吗？如果你现在回答不了这个问题，别急，这说明将来你会有一段激动人心的发现之旅。但你真的需要去好好思考这件事。踏上寻找和发现之旅，是你能为自己和他人所做的最好的事。而且，这件事只有你自己能做到。

最后，关于"为什么由我来做"的问题，还有一个重要方面，那就是为了解决你选择的重大挑战，你能付出到何种程度。这是对于传统观念的又一次挑战。有多少人曾对你说："遵从内心的热爱"？

对此，笔者想说的是，忘记你的热爱吧。要改造这个世界，热爱根本不起作用。解决重大问题，需要的是痴迷。今天，痴迷变成了一个贬义词，但问题就在于此。热爱只是一种催化剂，作用是加速化学反应的速度，而热爱本身，并不会持久。换言之，热情或许能够促成一件事，但热情本身不能被当成事业。或者说，你可以把热情当作点燃助推剂的点火器；但最终给你的创意提供初速度、让它成为投向世界的穿甲弹的，是助推剂。而这助推剂，就是痴迷。光靠热情，是发射不了火箭的。痴迷是"热情的平方"。热情只是开端，痴迷需要靠毅力长期坚持。热情会逐渐消退，痴迷则执迷不悟。痴迷先让你明白，你愿意为了什么放弃生命，而后再要求你一辈子为了这个目标而活。要实现如此远大的梦想，热情是过时的，痴迷才是一种罕见的品质。我们都需要学会培养痴迷。

本章的结尾，还有一个彩蛋问题。当你问完自己上面三个问题，并对自己的答案感到满意时，记得再问自己最后一个问题："为什么不呢？"大丰收指日可待，而人手却还差得远。你不来，还等什么呢？

第二部分

净正效应：管理创新的

新前沿

02

七 净正企业与 "老大难"问题

保罗·波尔曼、安德鲁·温斯顿

如果说过去几年的经历让我们有什么领悟，那就是，我们已深深地体会到，世界是一张深度互联的网络。人类共享着同一个免疫系统，个人风险就等于集体风险。我们共同生活在同一个星球上，这里有相互依存的生态系统，为我们提供着各类资源、食物、干净的空气和水，还有稳定的气候。

世界要么共同走向繁荣，要么共同走向灭亡。如果没有企业的深度参与和行动，我们就不可能实现发展目标。在提高国内生产总值、加强资金流动和提供就业机会方面，私营部门是主力军。因此企业必须与时俱进。这意味着，我们的企业需要重构，并成为全球利益的代理人。

人类作为万物之灵，不可能注意不到我们所面临的种种问题。从本质上看，迫在眉睫的生存挑战包括：根深蒂固的社会不平等，气候变暖，以及生物多样性的丧失。现状对我们十分不利。

尽管在最近几十年中，全球有数亿人摆脱了贫困，但受种种因素的影响，脱贫进程不仅举步维艰，甚至还有1.5亿人重新返贫。贫困不仅仅是发展中国家的问题。在美国罗素1000指数的大型上市公司中，有50%的员工无法靠工资养活三口之家，即便伴侣兼职打工也无济于事。贫富差距是普遍现象，已存在多年，而且还在持续加剧。

环境方面，气候持续恶化。暴雨、洪水、火灾的发生频率不断增加。我们目前只能承受全球升温1.5摄氏度，可专家预测，地球的升温幅度将大幅高于该水平。即使各国兑现了《巴黎气候协定》中所承诺的目标，地球的运行轨迹依然在朝着毁灭级别的升温3摄氏度进发。

与此同时，在不到50年的时间里，自然界中的哺乳动物、鱼类、鸟类、爬行动物和两栖动物的数量平均减少了68%，这一数字触目惊心。有人称为地球的第六次物种大灭绝。人类在一个世纪的时间内，砍伐了全球一半的雨林。鉴于大自然每年提供的环境价值高达1250000亿美元，我们更应该加倍保护好它才是。

向新模式转型

时至今日，我们都明白一个道理：在一个资源有限的星球上，无限增长是不可能的。任何我们无法永远做下去的事情，从定义上讲，都是不可持续的。如果我们沿着这条路继续走下去，最终结果只能是系统性崩溃。从某种意义上讲，我们或许已经来到了一个临界点。

越来越多的证据表明，"股东至上"的理论虽然在当前西方经济学中占主导地位，但这理论其实非常失败，不仅破坏了自然生态环境，将利益输送给极少数人，还从根基上削弱了社会凝聚力。假如我们还希望经济体制继续运转下去，就必须从量化利益相关方的价值这件事开始改变。这些利益相关方包括我们的地球，我们同胞，还有子孙后代。

长期以多利益相关方为本的企业经营模式不仅会越来越有吸引力，而且赢利能力也会越来越强。企业竞争中，将以共同价值观为基础，更强调信任和责任，更注重与所有利益相关方建立并保持深厚关系。越来越多的企业和机构都意识到了，在赚钱的同时，不应该去给世界制造问题，而应该去解决问题。

过去的十年中，企业在可持续发展方面取得了长足进步，而且此趋势还在加速。十年前，以科学减碳为发展目标的大型企业几乎为零。不仅如此，这些最为大型的企业也没有在性别平等、员工多样性和社会包容性等问题上制定任何量化目标。而现在，几乎所有全球500强名单上的全部企业都公布了各种形式的可持续发展报告，并公开制定了减排节能目标。

追求净正效应

为什么企业开始加大对可持续发展的投入了呢？原因有很多。气候变化已成事实，无须争论，气候变化造成的危害也已经迫在眉睫。企业见证了气候变暖，体会了其代价之大，也感受到了来自利益相关方的压力，因此，必须要采取行动了。此外，随着清洁能源和技术成本的大幅下降，企业此时采取应对气候变化的行动在经济上也是非常划算的。因此，关于说服企业以承担社会责任从而扩大自身影响力的论战也就可以告一段落了。众所周知的第一局较量现在已经结束。

多年来，企业高管正在慢慢转变，不再像从前那样只关心公司的直接影响，只着眼公司内部，而是从全局出发，考虑企业该如何做，才能影响到包括供应商和消费者在内的一整条价值链，也就是以气候术语所定义的"范围三排放"为目标。在运营层面，企业也迅速投身到净零目标的实现当中，追求零浪费、零排放、零安全事故等。这些都是可喜的进步，但鉴于自然生态系统和人类环境的恶化速度，光有这些进步还远远不够。各类重大问题不断加剧的消息不绝于耳，人类的曙光正渐行渐远。唯有开阔视野，走得更快，步子更大，人类才有希望。

我们需要正视两个事实，一是我们应对问题的行动有所增加，二是这些行动还远远不够。是时候重新定义什么才是好企业了。减少碳排放、提高水资源利用率、减少浪费、确保员工安全、对供应商提出更高的环保和社会责任要求，这些标准已经不足以用来定义好企业了。企业必须追求更高的标准，而不仅是慢慢变好。我们需要靠企业将世界变得更美好，需要它们在生产经营的同时，恢复生态环境，推动再生型经济发展。

在我们的新书《净正效应：勇敢的企业如何通过付出大于索取走向繁荣》（*Net Positive: How Courageous Companies Thrive by Giving More Than They Take*）中，我们给出了企业需要加快速度，进军管理新前沿的理由。企业需要思考如何在实现净零之后，继续追求净正效应，跨国公司更是如此。在这本书中，企业的净正效应是指："一家企业全面提高了所有利益相关方的福祉，也就是说，企业的每一个产品、每一次操作，在每一个国家和地区，都让企业的员工、供应商、所在社区、消费者、子孙后代及地球变得更好。其关键就在于，世界是否因为你这家企业的存在而变得更好。"

对净正效应的追求就像北极星一样永恒，绝不能是一个短期项目。目前，没有一家企业有资格说自己已经实现了净正效应。就拿我们俩当中的保罗·波尔曼来说，他管理国际知名企业联合利华十年之久，也依然未能做到这一点。一些企业管理者正在想方设法从各方面接近这一目标。例如，宜家公司生产的可再生能源已经超过了其经营所需，单从电力方面来说，它已经实现了净正效应。不过，对于绝大多数企业管理者而言，能做到优先考虑所有的利益相关方，而非企业自身及其股东，已经是一个巨大的进步了。经济学家米尔顿·弗里德曼提出的"在商言商"已经被贯彻了几十年，假如继续下去，结果将不堪设想。

我们可以走得更快，想得更远。企业尤其如此。新冠疫情不仅让我们看清了彼此之间的联系，也用事实证明，在必要时，企业可以飞速进步。

企业可以快速转型

新冠疫情席卷全球，打了所有机构一个措手不及。多年来，专家一直就疫情问题提醒人们，但是没有企业真的做好了准备。当我们最终发现，在疫情面前，医疗系统和供应链不堪一击时，一切都乱了套。能够将商品有效配送到酒店、餐厅、邮轮及其他服务企业的一整条通道全都关闭了，而其他运输方式又全都在超负荷运转。

然而神奇的是，企业和其他机构惊喜地发现，自己不但能够快速实现转型，而且实现的速度要比预想的快得多，事实上，他们别无选择。全球企业都在疫情期间进行生产转型。许多企业为了帮忙，生产了他们从未涉足过的产品。比如，汽车厂商生产了呼吸机，奢侈品公司生产了洗手液等。联合利华接手了一家小型洗手液公司，在6周时间内，将产量提升了14000倍。而最令人感动的，当数创造奇迹的制药企业。在短短数月之内，它们就研发出了多种有效疫苗。

疫情的到来加快了上述趋势的形成速度。全球温控系统创新者特灵科技公司（Trane Technologies）推出了冷王牌（Thermo-King）制冷设备。在谈及疫情暴发之初的几个月时，公司的高级创新副总裁兼首席技术官保罗·卡穆蒂（Paul Camuti）表示："这是迄今为止我们见过最严重的食品流通中断事件，我们已经为其长期存在的趋势做好了准备。我们必须在很短时间内，彻底改变经营方式。"特灵科技公司的情况并非个案，许多企业都发现他们的产品和服务必须快速创新。餐厅开始重视外卖业务，还开辟了户外就餐空间；家庭杂货店业务迅速扩张；商务活动的形式从现场交流转变为线上会议，以不同的方式进行宣讲和信息共享；艺术表演从室内转移到了室外，许多表演都在公园中进行，观众之间保持约2米的距离。未来，上述部分趋势有可能出现逆转，但大多数趋势在很大程度上还将延续。

企业对这些转变的响应速度，比大多人预想的都要更快。

在 VUCA 世界中解决"老大难"问题

VUCA是易变性（volatile）、不确定性（uncertain）、复杂性（complex）、模糊性（ambiguous）4个英文词语首字母组成的简称。但好消息是，这样复杂的VUCA世界也极具潜力。变革加速的时代，正是挑战范式和教条的绝佳机会。作为万物之灵，人类在思考气候变化、社会不平等和生物多样性的丧失对自身生存构成的威胁，以及与此相关的诸多复杂挑战时，已经清楚地意识到，必须要彻底转变企业的经营方式了。我们已经准备就绪，进一步发挥企业的社会作用。

我们将围绕企业的核心产品与服务，探讨净正效应对企业经营的意义。在我们的书中，我们讨论了如何围绕目标与协作来抓好企业建设，并深入研究了哪些合作能够帮我们实现目标。在"企业作为全球利益代理人"的大背景之下，美国凯斯西储大学福勒企业向善中心推出了各类活动和出版物，旨在帮助企业实现可持续发展，同时扩大这种思想在各个企业相关供应链上的覆盖范围。

而在这里，我们要讨论的是净正企业需要解决的其他关键问题，其范围远远超出了企业价值链的范畴。这些问题都是众所周知的"老大难问题"，所以人们总是对其避而不谈。但如果不加以解决，这些问题将把我们带入一个动荡的世界，世界再无繁荣可言。

对高薪的误解

亿万富翁苏世民（Stephen Schwarzman）是黑石基金的创始

人，2020年，他赚了6.1亿美元。许多私募股权和对冲基金的高管也在这一年内赚了数千万美元，其中大部分是股息或资本利得，因而其税率为20%，而非个人所得税的最高税率37%。正如沃伦·巴菲特所指出，这些富豪投资者所需缴纳的税率，比其助手的个人所得税率还要低。苏世民的巨额收入中，有5.24亿美元是按照较低的税率缴税的。该数据公布时，美国国会正在为是否推出成本高达19000亿美元的疫情纾困计划而激烈争论，同时由于缺乏支持，关于将最低工资提高到每小时15美元①的提案也被搁置。

要想和苏世民挣的一样多，按照每小时7.25美元的最低工资，需要一周工作40小时、一年工作50周、连续工作42000多年才行。普通工人的工资早就应该大幅提高了。美国经济政策研究所的一项研究指出，如果在过去50年中，最低工资随着整体经济生产率的增长而提高，那么时至今日，最低工资应该是21.69美元才对。

对冲基金高管属于极端个案，他们让企业高管在赚钱方面显得非常外行，但是企业首席执行官的收入其实也不错。40多年来，企业首席执行官的薪资上涨了1100%以上，而普通工人的工资仅上涨了14%。首席执行官们的收入甚至超过了许多富豪，比平均收入排名前0.1%的富豪还要高出5倍，且该比例还在加速增

---

① 1美元约为7.31人民币，15美元约为109.63人民币，以2022年10月汇率计算。

长。尽管国内外的贫富差距越来越大，企业管理者和金融从业者的收入却一直在持续提高。

高管薪酬过高是一个老大难问题，它破坏了社会的凝聚力和信任度。造成贫富差距如此之大，增加了社会的不稳定性。高薪问题导致人们对于体制和精英阶层产生了不信任。

此外，它还凸显了企业行为的矛盾性。高管加薪的主要方式是用股票期权作为奖金，这种短视的做法会损害企业的可持续发展，因为可持续发展需要耐心和坚持。一家目光短浅的企业怎么可能去花钱投资可持续产品，怎么可能为供应链上的员工加薪，让他们获得足以维持生活的薪酬，怎么可能通过协作来改善社区居民的健康和福祉呢？这些付出所产生的价值，会随着时间的推移不断增加，但前提是企业愿意在这方面加大投入。

解决这个问题是没有捷径可走的。但我们相信，净正企业有这样的魄力去推动薪酬结构改革，让高管成为企业的长期所有者，减少期权博弈，加强企业内部人才队伍建设，抵御外部招聘带来的薪酬膨胀。此外，还应密切关注所有人的工资，提高他们的收入水平。高管薪酬比例问题中，有部分来自分母，也就是普通员工的平均工资。因此，净正企业会提高最低工资标准，给普通员工分配更多股份，更多地分享公司利益。此外，当现行的工资法要求提高所有人的生活水平时，净正企业也会予以支持。

以上这个问题只是诸多老大难问题中，高管们普遍选择回避的一个问题。净正企业必须脚踏实地，着力解决这些他们不愿面对的问题。

诸多老大难问题

在《净正企业》这本书中，我们总结了九个老大难问题，上文提到的高管薪资过高问题就是其中之一。它们都在造成我们生存危机的经济体系中扮演着关键角色。这些问题助长了权力和财富的抱团，将经济体系推向目光短浅的逐利主义，代价则是长期伤害。下面，让我们快速看一下企业回避的其他问题以及相关挑战：

● 纳税问题：许多大公司常常不缴税。依法纳税听起来像是一个法律或公共关系问题，但其核心在于企业是如何融入社会的。如果企业根本不纳税，那又何谈为社会做出自己的最大贡献呢？慈善和企业社会责任，只不过是企业纳税义务的拙劣替代品而已。

● 腐败问题：一旦企业卷入了贿赂、挪用公款或其他形式的腐败问题，不仅企业形象大打折扣，还相当于在为腐败体系做贡献。腐败还会增加企业的经营成本，败坏企业和社会风气。

● 不合理分红：标准普尔500指数中公司在21世纪10年代用于回购股票和分红的金额高达70000亿，这些资金原本可用于投资公司业务，推动公司可持续发展，创造长期价值。

● 毫无准备的董事会：近期针对大公司董事会成员的调查显

示，某些高管对环境、社会和公司治理问题居然毫无了解，这令人十分震惊。仅有一小部分高管对上述问题有所耳闻。在接受访问的董事会成员中有超过半数人认为，人们对可持续发展问题"过于关注"了。这些董事会人员构成缺乏多样性，不仅阻碍了自身发展，还阻碍了企业的长期发展。

● 人权问题和劳工标准：现代奴隶制依然存在于许多的全球化供应链中。在人权问题上，大跨国公司普遍采取逃避态度。超过半数的跨国公司未对其供应链现状做尽职调查。给再多的员工福利，也不能弥补工人在供应链上所面临的恶劣工作条件。

● 利用行业协会游说：企业制定了积极的可持续发展目标，但依然向行业协会游说，争取阻碍可持续发展的政策，说这种行为虚伪都算好的。很少有企业会直白地出尔反尔，但大多数企业都加入了行业协会，以行业协会的名义，去反对那些损害其既得利益的政策。这种脱节极大地拖延了政策的推广，甚至会造成发展倒退。

● 资本对政治的影响：企业会通过政治捐款，对立法者形成巨大影响。这是一个全球性问题，在美国尤为严重。美国的相关规定非常宽松，造成了大量"合法"腐败。最具影响力的企业通过政治捐款不仅阻碍了气候治理进程，还妨碍了提高最低工资和建设社会安全网的进程。几十年来，化石燃料行业一直在利用其影响力对抗气候行动。

● 加强多样性和包容性：尽管企业在不断加强包容性，但还远远不够。在美国，普通职位中的女性比例达到了一半，而高管职位中，女性比例仅为21%。在财富500强企业中，黑人总裁仅有4位。残疾人就业人数不到1/3。这令人难以置信，因为企业的多样性越强，就越容易超越其竞争对手。一个将女性和黑人群体拒之门外的企业，根本不可能拥有繁荣的未来。

结论

在环境保护和增强社会影响力方面，企业正在加倍努力。可持续发展已经被企业切实提上议事日程。但是，今天我们需要成规模的努力，光靠单个企业付出无法达成目的。我们的体制需要进行彻底变革。企业别无选择，只能在改进体制方面发挥积极作用。

上面讨论的问题，在现实中被人们刻意忽视了。因为这些问题令人不悦，又或者，企业认为关注这些问题并无益于其短期利益。同时，这也说明某些人害怕了，这些领导者不愿意站出来接受批评。在大多数情况下，老大难问题无法得到有效解决。这种情况必须有所改善，否则，在共同利益不断流失的过程中，净正企业是不可能出现的。这些问题成了我们齐心协力、应对全球重大挑战的阻碍。

试想一下，如果我们能够正视问题，并一起努力加以解决，企业和社会将变成什么样子？消除资本对政治腐败的影响，企业才能真正追求净正效应，争取有利于所有人的政策。财富分配越合理，越能帮助人们摆脱贫困，为经济发展做出贡献。在一个包容的世界中，企业才能兴旺发达，才能够更好地代表所有人的利益。

我们应该正视这些系统性的老大难问题，积极建设净正企业，为全世界服务。

八 为全人类负责：没有利益相关者治理，就没有利益相关者经济体制

巴特·胡拉汉、安德鲁·卡索伊

引言

我们的经济体制不仅没有兑现其承诺，为全人类造福，反而对人类福祉和我们赖以生存的地球造成了巨大的负面影响。不论我们的诉求是解决环境危机、缩小贫富差距、消除结构性种族歧视，还是探究这些问题是如何相互影响的，以企业为核心的经济体系都在不断产生损害集体利益的负外部性影响。

人们渴望拥有一个能够正视人类需要、为人类创造机会、保护人类地球家园的经济体制。这就要求我们的经济体制必须是为所有人服务的。

但不幸的是，当前的经济体制并不是为所有人而设计的。从巴黎到圣地亚哥，从伦敦到黎巴嫩，不断有人走上街头呼吁经济改革。尽管形式有所不同，但他们都有一个共同点，那就是对当

今现实越来越不满，甚至深感绝望。

不论是企业界的文化趋势还是当下的法律架构，都在驱使企业只为股东这一类人创造价值，并将所有其他利益相关方视为成本，尽量使其影响最小化或外部化。1970年，经济学家米尔顿·弗里德曼在《纽约时报》上发表了一篇关于企业社会责任的文章，宣传"股东至上"的经营理念。此后的50年，企业经营就一直遵循着这一原则开展。还有许多人会说，自从最早的贩卖奴隶的企业出现在400年前的殖民地以来，"股东至上"的理念就已经深入资本主义的骨髓之中了。人们对经济体制改革的呼声越来越高，过去发生的所有混乱，更为经济改革提供了史无前例的动力。

经济体制改革需要两个前提：系统失灵和可行的替代方案的出现。现在，消费者、工人、决策者、媒体和投资者纷纷提出改革需求，他们都希望能够改变现状，找到可行的替代方案。面对气候变暖和贫富差距的双重危机，私营部门的生存受到了威胁。过去的6年，是有史以来天气最热的6年；全球前1%的富人掌握着全球44%的财富。面临前所未有的压力，企业领导者必须成为经济改革的推动者和倡导者。

有迹象表明，企业界已经开始重视这一问题。

企业文化的转变

要想让经济体制变得更包容、更公平，企业必须在行为上、结构上和文化上做出改变。或许，首当其冲的是企业文化的转变。这涉及我们对企业领导者有什么期望，以及如何定义企业的成功。我们需要从更广泛的层面去重新定义"价值创造"，建设不仅是为股东服务，而是为所有利益相关方创造价值的经济体制。

好消息是，2019年开始，企业文化的转变被大规模加速落实了。2019年8月19日，美国商业圆桌会议公布了一份声明，呼吁树立新的"企业目标"。共有181名企业总裁承诺："在管理企业时，将为包括客户、员工、供应商、当地社区和股东在内的所有利益相关者负责。"它们当中，不乏亚马逊、苹果、摩根大通和通用汽车等大型企业。继该声明之后，2019年12月，世界经济论坛发布了新版《达沃斯宣言》，明确了"企业的目的是对其所有利益相关方负责，打造一条可持续的共享价值链。在创造共享价值的过程中，企业不仅要为股东服务，还要为包括客户、员工、供应商、当地社区和全社会在内的所有利益相关方服务。"

这两份宣言标志着企业文化迎来了重要的转变时刻，也承认了在当前的经济体制中，存在着日益增长的各类威胁。从20世纪70、80年代的企业社会责任运动，到今天的可持续发展和影响力投资倡议，企业文化得以一步步转变，是这50多年来人们坚持争取的结果。其动力不仅包括气候变化和不平等加剧等外部因素，还有来自重要商业地区的巨大市场压力。全球消费者的公益意识不断增强（80%的消费者希望企业"参与解决社会问题"），80后和90后员工的关注点不断变化（86%的人表示愿意接受降薪，去更有担当的企业工作），可持续投资市场出现了快速增长（在美国，每4美元投资中，就有1美元属于定向管理资产），这全都源自50年前的一场规模不大却振聋发聩的企业社会责任运动。而今，这项运动已经演变成为21世纪的关键商业趋势，得到了美国银行和美国通用汽车公司等大型企业总裁们的拥护。

有90%的消费者要求，企业必须"保证其员工和供应商的福利和经济安全，即便这样会使企业承受经济损失"。只关注股东利益的企业文化已成为历史，越来越多的企业已经加速回归到对所有利益相关方负责的发展轨道上来。

不过，虽然宣言、声明和原则是企业文化的重要转变指标，但它们也有可能，只是一些公关举措。如果不能落实到企业的法律责任和透明度要求中，就没有制度机制来保证上述里程碑事件能够真正为企业带来行为上的转变。2020年10月，美国哥伦比亚大学商学院开展了一项调查，调查对象为签署了美国商业圆桌会议声明的181家企业的总裁。结果表明，这些签字的企业并没有完全履行他们的承诺。"尽管圆桌会议声明特别提到了环境和员工等问题，但相对于同行竞争对手而言，签署了圆桌会议声明的企业在环保和劳务合规方面的违规率竟然更高，支付的相应罚款金额也更多。此外，据我们观察，从碳排放总量的角度看，签署了圆桌声明的企业排放量竟然更高，即便与同等规模的同行企业相比也是如此。由此可推断，其环保违规率较高或与其碳排放量高有关。无独有偶，福特基金会也出资，由KKS顾问公司牵头，在其企业目标测试倡议中（Test of Corporate Purpose Initiative），对签署圆桌会议声明的企业开展了为期六个月的"疫情期间表现"调查。结果显示，"自疫情暴发以来，企业圆桌会议声明并没有在企业最需要转变的危急关头，真正促成企业目标的根本转变。"

光靠企业文化的转变，没有结构性改革做支撑，是无法产生持久性改变的，因为人们依然在走老路。从长远来看，如果没有利益相关者参与治理，没有企业和投资者以实际行动对共同利益负责，光是喊口号，是不会产生对全部利益相关者有利的经济体制的。企业虽然签署了圆桌声明，表达了愿意改变企业文化的意愿，却没有任何行为上的转变。这清楚地说明，企业虽然在签署声明之后口头上宣布"股东至上"已成为历史，却并不认同他们肩上的责任发生了相应改变。不过幸运的是，我们还有一个可行的替代方案。

可行的替代方案

2010年，美国马里兰州率先通过立法认可了"共益企业"（benefit corporation）这一全新企业形式。随后，又有美国的43个州以及另外7个国家先后通过了相同或类似的立法（包括其他促进利益相关方参与治理的公司形式）。这类立法行为从法律上要求企业去把握股东和利益相关方之间的利益平衡，并为采用该公司结构的企业制定了清晰的责任划分和透明的流程规范。

该次立法的核心包括三点：一是转变企业目标，从为股东创造最大价值转向为大众创造共同利益；二是建立高管问责制，要求他们在决策时充分考虑其决定对股东和利益相关方的影响；三是在实现企业目标的过程中，提高操作透明度。这项立法的效果明显，直接颠覆了上世纪公司经营所秉持的"股东至上"原则。

"股东至上"是一种企业经营理论，它规定企业高管的最终目标是为股东赚取投资回报，在公司法和企业行为规范中根深蒂固。在这一理论之下，所有对利益相关方的考虑也都是为股东利益服务的，都是"对股东责任的衍生品"。虽然企业是否应遵循"股东至上"在法律上存在争议，但毫无疑问的是，自从米尔顿·弗里德曼于1970年首次提出这一原则以来，在其后长达50年的时间里，几乎所有企业都在践行这一原则。弗里德曼说过一句名言："企业有且只有一个社会责任，那就是利用资源，投身以营利为目的的经营活动，遵守游戏规则，开展公平的自由竞争，不欺骗、不作假。"

最近，在弗里德曼提出"股东至上"理论的50周年之际，牛津大学赛德商学院前院长科林·迈尔（Colin Mayer）和特拉华州最高法院前首席大法官利奥·斯特林（Leo Strine）共同发表了文章。他们写道："半个世纪过去了，显而易见，这种狭隘的、以股东为中心的企业价值观已经让社会付出了沉重代价。早在新冠疫情暴发之前，就已有人批评过，企业因唯利是图造成了自然生态被破坏、物种多样性丧失、全球气候变暖，而普通员工的工资迟迟不涨，贫富差距也越拉越大。"

除了他们之外，批评"股东至上"理论的人还有很多。美国左翼和右翼的政治领导人都谴责了"股东至上"理论对社会造成的负面影响。民主党参议员伊丽莎白·沃伦（Elizabeth Warren）在提交《负责任的资本主义法案》（Accountable Capitalism Act）时表示，"美国经济存在着一个根本问题。几十年来，正是在美国工人的努力下，企业利润连破纪录，可与之相对的工人的工资却几乎没有变化。为了解决这个问题，企业必须停止不计一切代价地实现股东回报最大化。这种做法是有害的，已经从工人工资和必要的长期投资中吸走了数万亿美元。"《负责任的资本主义法案》提出，所有收入超过10亿美元的企业，都应采取类似于共益企业的方式开展经营。

同样地，2019年夏天，佛罗里达州共和党参议员马尔科·卢比奥（Marco Rubio）也发布了一份名为《21世纪美国投资》（*American Investment in the 21st Century*）的白皮书，批评了"股东至上"的经营理念。卢比奥认为，"股东至上理论让美国企业偏离了其初心，无法发挥企业本该在经济中发挥的作用。该理论起源于20世纪70年代，当时正处于经济停滞时期，所以才将企业的经济价值定义为股东的财务回报。这一理论让企业在做决策时更侧重于投资者可预见的短期回报，而非投资建设企业的长期经营能力。此外，它还削减了企业在研究和创新方面的投入，抹杀了美国工人对生产做出的贡献。"

推翻"股东至上"的理论不涉及党派分歧。因此，在过去10年中，关于创建共益企业的相关立法提案在美国获得一致通过的次数多达30余次。

不断发展的共益企业运动

共益企业（benefit corporation，简称"B Corp"，或"B型企业"）的立法之所以会出现，主要是为该类企业认证提供法律依据。共益企业最早出现于2007年。经认证的共益企业，在社会、环保、问责和透明度方面，均达到了最高标准。与众多其他环境和社会认证标准不同，共益企业具有全面而多元化的认证方式，并不仅针对某种特定产品或实践行为进行认证。要想获得认证资质，企业必须做到以下三点：一是通过对企业所有利益相关方的影响的评估；二是修订相关公司管理文件，平衡股东和其他利益相关方的利益；三是公开透明地公布其在社会和环境方面的表现。截至2020年底，全球70多个国家的150多个行业中，共有3800多家企业通过了共益企业认证。

这类认证的法律要求旨在将企业对利益相关方的承诺内化到企业的DNA中。这种修正从根本上改变了企业的受托责任，使企业考虑利益相关方不再是一种选择，而是一项承担法律责任的义务。不过，这种转变也曾遇到过一些阻力：在美国的部分州，包括《公司法》的起源地特拉华州的法院认为，将利益相关者写进公司章程缺少法律支持。于是乎，作为共益企业运动背后的非营利组织，B Lab（创始人为本章的两位作者与杰伊·科恩·吉尔伯特）起草了关于创建共益企业这种新型企业形式的法案。

立法之初也出现过各种担忧，例如立法会加重企业的负担，牵涉第三方诉讼权，为企业融资带来负面影响等。为了解决这些问题，立法中明令禁止了金钱赔偿，规定补救措施仅限于强制救济和强制履行（该法规的根本目的就是确保企业追求并创造其所承诺的影响）。此外，对共益企业成效的问责仅限于由股东提起诉讼，利益相关方不具备诉讼资格。

可想而知，从政策角度来看，企业的融资问题并不容易解决。通过接受这种全新的企业形式，传统投资者也接受了新的受托责任，明白其自身经济利益不再是企业唯一的法律义务。此外，特拉华州内的《公司法》以及许多法规中，均明确规定公司董事和高管必须"平衡"经济利益和社会利益。特拉华州的《公司法》还规定，"共益企业的管理方式应该平衡股东的经济利益、受公司经营影响的利益相关方的最大利益以及认证文件中规定的共同利益"。

为了加强对投资者的宣传，B Lab发起了一场运动，以打消投资者对共益企业的担忧。宣传对象首先从风险投资家和私募股权投资者开始。随着共益企业认证越来越受认可，投资共益企业的传统投资者也越来越多。从KKR集团到凯鹏华盈风投基金，再到创始人基金（Founders Fund），私人投资者对这种新的企业形式越来越适应。目前，经认证的共益企业已经在私人资本市场筹集了20多亿美元，包括欧布斯运动鞋（Allbirds）、文化Amp招聘平台（Culture Amp）、瑞波植物奶（Ripple Foods）和革命食品（Revolution Foods）在内的多家共益企业均顺利上市。

和预想的一样，对于有意愿成为共益企业的公司，公开市场的接受程度相对较低。2017年是关键的一年。桂冠教育（Laureate Education）是第一家成功上市的认证共益企业。该公司符合特拉华州的《公司法》规定的共同利益企业形式，首次上市就募集了4.9亿美元。在该公司上市之前，只有巴西圣保罗的一家价值数十亿美元的上市化妆品公司Natura＆Co.于2015年通过股东投票，修改了公司章程，将利益相关方纳入了决策考虑范围。这项倡议从99%的赞成票通过。

在2020年之前，共益企业的成功在很大程度上只是些个案。2020年，柠檬水（Lemonade）和活力农场（Vital Farms）作为共益企业先后成功上市；联合银行（Amalgamated Bank）和维我软件（Veeva Systems）也跻身上市公司的行列，百老汇银行（Broadway Bank）和城市第一银行（City First Bank）在股东投票后并购重组，也成了成功上市的共益企业。2020年7月迎来了巨大转折。巴黎的达能集团成了一家使命企业（Entreprise à Mission），这一名头相当于法国版本的共益企业，99%的股东为此投出了赞成票。此后，在上市公司中，掀起了一阵向共益企业转型的浪潮。

责任是可选项吗？

这些先行者为后继者开辟了道路，为建立更公平、更包容的全新企业结构奠定了基础。但是，对于企业而言，只要考虑利益相关方的利益这件事依然只是个可选项，共益企业成为主流的脚步就会变慢，因为资本市场的制度障碍实在太大了。就在美国商业圆桌会议宣布了企业理应达成的新目标之后，美国机构投资者理事会（Council of Institutional Investors）也在同一天发表了声明，称："对每个人负责，也就是不对任何人负责。"他们直言不讳道："虽然董事会和公司高管将眼光放长远并持续关注自己坚信的长期战略对企业来说非常重要，但是，股权资本的有效配置一直都是美国经济的基本优势，未来，这一优势还将持续。如果说，'利益相关方治理'和'可持续发展'成了企业管理不善或拖延必要变革的遮羞布，那么美国的整体经济将必受其害。"

2019年8月25日，在美国机构投资者理事会的声明发表六天之后，美国商业圆桌会议在纸媒上做出如下回应：

参与美国商业圆桌会议的总裁们是要抛弃股东吗？并非如此。新声明已经说得再清楚不过了，企业需要为"股东创造长期价值。股东之所以为企业提供资本，是希望企业能够将资金用于投资、发展和创新。"它切实反映了一个现实，那就是企业要想获得成功、持久经营并为股东创造价值回报，就必须考虑股东以外的其他利益相关方的利益，满足他们的期望，包括客户、雇员和他们经营所在的社区等。

前进之路：提高所有人的问责底线

2020年9月，利益相关方公共组织（Stakeholder Commons）和

B Lab联合发布了《从股东至上到利益相关方资本主义》，为美国经济提供了政策方向，并呼吁企业和投资者都应该接受利益相关方管理或共益管理的经营方式。"我们必须改变法律条款及规定，要求企业和金融机构将眼光放长远一些，不要只关注短期回报，而要体现担当，在社会和生态系统方面发挥其影响力，这才是建设更公平、公正、繁荣的经济体制的基础。我们的政策提案主张所有企业和机构投资者必须接受共益管理，包括修订受托责任，将企业的责任延伸到追求经济利润之外，因为负责任的共益管理才是利益相关方资本主义的基础。"

此外，务必要让投资者也参与到共益管理当中，这一点至关重要。资本市场的监管法规往往是为了保护股东，也是这些法规最终导致了资本市场的生产力和社会利益脱钩。将企业盈利与生产力孤立开来，使得企业的成本、对人力和自然资源的利用以及市场的金融化全都变成了外部因素［参见2021年初，游戏驿站（GameStop）公司股价的逼空风波］。科林·迈尔和利奥·斯特林认为："尽管企业可以选择成为一家共益企业，但他们没有义务这样做，他们也必须得到股东的支持。对于创始人所有的公司或股东人数相对较少的公司来说，如果老板的意愿十分强烈，那么公司转变为共益企业的管理形式就会相对容易一些。如果公司股东是分散的机构投资者，而这些机构投资者又需要对更为分散的散户投资者负责的话，事情就会麻烦得多。在现有公司中推行共益企业改革，将面临严重的协调问题。"

通过立法，将企业责任这一可选项变为法律要求，这种提案并非美国独有。欧盟、巴西和英国也在考虑类似提案。例如，英国的"系统升级"倡议就得到了166家公司支持。该倡议提出了《企业向善法案》草案，提议修订《公司法》第172条，要求英国所有公司接受并报告利益相关方管理情况，并明确呼吁公司董事会应重视所有利益相关方的利益。

结论

2020年，全球暴发了百年不遇的疫情。这一年注定将作为历史上的灾难之年被人们铭记。病毒在社区中肆虐，美国因疫情死亡的人数，甚至比第一次世界大战、第二次世界大战、朝鲜战争和越南战争的死亡总人数还多。灾难此起彼伏，对弱势群体造成的不公平影响已暴露无遗。疫情对有色人种社区的影响程度要远高于其他地区。

全球领导者们在这种情况下在试图寻找一种新常态，一种对所有人都有益的经济体制。从一个单纯为少数人创造财富的经济体制，转变为一个平衡所有人利益的经济体制，这是我们共同前进的必由之路。然而，如果我们不调整治理结构，不改变企业经营规则，不要求私营部门做出更多贡献，不建设更公平、更包容的再生型经济，这一切就无法成为现实。如果没有明确的问责制和透明度要求，任何宣言、声明和原则，都不足以解决私营部门和整个经济体制所面临的迫在眉睫的生存挑战。

正如倡导者科林·迈尔和利奥·斯特林所说的："我们呼吁大型企业都成为共益企业。我们这样做的目的，是为拯救经济和企业，使其不必遭受当前做法带来的毁灭性后果，为我们的子孙后代、社会和大自然造福。"

为商之道
在于未来

拉吉·西索迪亚

一场范式的转变

我们生活在一个前所未有的时代，接连不断的天灾人祸犹如一场完美风暴，给人类的生存带来了重重挑战。2020年，数次重大灾难就像波涛汹涌的大海，让许多沉疴顽疾浮出水面。这些曾经深藏不露的问题如今近在眼前，向人类发起了挑战，我们对其感到害怕也是情理之中的事。

我们生存的星球生病了，许多维持人类生存的小型生态系统正在承受着巨大压力，我们对生态系统的伤害，已经到了它们无法自我恢复的程度。人类留在地球上的脚印太深太狠了，而且越来越多，贻害无穷。

气候变化给人类生存带来的重大威胁不言而喻。由于气候变暖，人类正在经历地球历史上的第六次物种大灭绝，这也是首次因

132

人类活动引起的物种大灭绝。据联合国的统计，目前，有多达100万个物种面临着灭绝的风险："我们和所有其他物种赖以生存的生态系统生病了，它每况愈下，恶化的速度前所未有。全球经济、民生、粮食安全、健康和生活品质的基础，正在被人类自己蚕食殆尽。"

我们面临的另一个巨大挑战，是极端的社会不公平现象。越来越严重的不公平导致了焦虑症、抑郁症和自杀的频发。截至2020年6月，有25.5%的美国人患有焦虑症，24.3%的人患有抑郁症，10.7%的人有严重自杀倾向，这数据可谓触目惊心。而令人心碎的是，在18岁至24岁的年轻人中，有25.5%的人曾认真地考虑过自杀。试想一下：我们的年轻人出生在一个自由的社会，过着多彩多姿的生活，可他们当中有四分之一的人却认为，这样的生活不值得继续过下去，这是对部分企业管理者和政客们多么残酷的控诉，因为是他们造成了这一切。我们究竟创造了一个怎样的世界？我们又该如何改变它？

世间有千般苦难亟待我们治愈。我们需要治愈的对象不仅包括我们自己，还包括我们的家园、社区、企业、国家和地球。我们面临的风险已如此之大，所以是时候彻底改变这些苦难背后的社会体系和结构了。正如温斯顿·丘吉尔（Winston Churchill）所说，"我们塑造了建筑，随后建筑又塑造了我们。"时至今日，企业管理最艰巨任务在于，面对当下的诸多挑战，不要头痛医头，脚痛医脚，而要设计出系统的解决方案。

　　美国内战快结束时，亚伯拉罕·林肯（Abraham Lincoln）曾说过，"过去平稳时期的教条不适用于动荡的现在。现实困难重重，但我们必须积极应对。当下的处境是前所未有的，我们必须要有新的想法和行动"。这句话放在今天，比以往任何时候都更合适。我们都需要重新思考：生而为人意味着什么？人为什么存在？我们做过些什么？怎么做的？我们是谁的领导？成功的定义又是什么？我们还有多少时间？社会的方方面面都应该做出反思，尤其是企业。我们究竟应该做些什么，才能缓解我们给这个时代带来的、真实存在的焦虑。我们应该首先认识到的是，坏主意比坏人更要命。人类被那些坏主意束缚得太久了。人类虽贵为高等动物，自身能力却在逐渐退化，内心的善意变得沉默，集体走上了盲目的自我灭绝之路。

　　眼下，当务之急就是寻找更好的主意。

　　我们首先想到的，或许就是资本主义。如果资本主义运行良好，就能够让我们过上有意义、有目标的生活，让我们有机会发挥与生俱来的天赋，为人类社会做贡献。如果资本主义运行出了问题，就可能引发社会性的绝望，让地球逐渐荒芜，就像我们正在经历的这样。资本主义究竟是升级问题还是缓解问题，取决于我们使用哪一种企业理论：到底是走过去2个世纪的老路，还是结合现状及我们眼前的问题，在人类发展长河的关键节点，重新选择走一条新路？

因循守旧的危害

对于企业发展、人类命运和我们的地球而言，没有什么比"因循守旧"更可怕的了。在唯利是图的经营环境中，企业对生态环境的忽视程度令人发指。人类是系统地破坏了自己的栖息地，进而走上自我灭绝道路的唯一物种。绝大多数的人都得了一种"分裂症"，觉得自己与这颗星球是分离的，并没有融为一体，而且表现得好像我们能够脱离自然生存一样。人类本来就是自然的一部分，人类和自然中的树、石头并无二致。但是，我们却把自己与自然分割开了，就像非要把一个事关性命的器官挪到身体外面去一样。我们没有意识到，疯狂地去生产、消费、购买、浪费，本身就是一种病。我们所犯的，是"弑母"之罪行。要知道，地球母亲是所有生命的源泉。

美国最高法院大法官奥利弗·温德尔·霍姆斯（Oliver Wendell Holmes）曾说过："对于与复杂相对的简单，我毫不在意；可对于复杂背后的简单，我却愿意终身去追求。"传统企业的经营思想过于简单，其目的就是利润最大化，而利润等于收入减去成本。因此，要追求收入最大化，企业就必须卖出更多的产品，制定更高的价格，而消费者是否真的需要则另当别论。另一方面，企业还会尽可能压低员工的工资，压榨供应商，将企业经营的真实成本转嫁给社会和生态环境。

这样的企业，并不是那种在某个特定领域具备卓越的生产和销售能力、能够越做越好的真正企业，它们更像是寄生虫，不创造真正的价值，反而一味地从员工、客户、供应商、社区和生态环境中索取价值。许多传统企业在营销时会大肆鼓吹消费，鼓励消费者进行过度消费，而无视这些行为对消费者的身心造成的影响，也不在意员工及其家庭的幸福。生活中，工作是非常重要的，可以成为我们快乐、意义和成就感的源泉。但是，大多数工作都是无趣且无意义的，只用到了人类特有能力中的一小部分。这实在太悲哀了。几十亿拥有高智商、先进意识、创造力和爱心的劳动力，却在从事不需要动脑的体力劳动。我们从来没有像今天这般，浪费这么多的劳动力潜能。盖洛普民调结果显示，全球员工的敬业度多年来一直在15%的水平上下浮动。

我们必须努力追求"复杂背后的简单"，让企业组成一个精密的系统，每家企业都是其中的一部分，却又相互关联，当企业作为独立个体时，能够实现自身的繁荣发展，而当众多企业聚成一个整体时，又能为整个业态、社会和地球生态的繁荣做出贡献。如果不作出改革，我们必然走向灭亡。我们必须重新思考企业的定义、角色、目的和领域。如果我们不对资本主义进行升级，就只能看着它一步步毁灭，还会把人类和地球一起拖下水。

企业的所作所为，应该呈现并放大我们生而为人的意义，而不应该体现出人类的原始兽性。我们应该坚持拒绝鼓吹"贪婪是好事"的教条，拒绝让贪婪腐蚀我们的心灵。对此，演员兼播客主拉塞尔·布兰德（Russell Brand）是这样说的：

> 人类拥有无穷无尽的精神世界，有能力去爱，去理解。可为什么我们的各种体系却无法体现这种崇高而纯粹的境界呢？这种境界明明是存在的。不论体育体系、娱乐体系、经济体系、政治体系还是社会体系，都应该尽可能地接近这一崇高的境界。我们有能力体会这种世界大同的感觉，有能力体会这种超越个人和任何信仰的爱，不就是一种幸运吗？然而，但凡涉及我们为了治理地球而形成的各种体系时，我们所做的选择却往往并非出于爱与理解，而是出于我们作为动物的求生本能，一心只想争夺资源，成为精英。

人类的未来、数百万动植物的生存以及地球的健康将会走向何处，取决于企业对这种新境界的觉悟有多高。企业要觉醒、要成长、要有担当，就应该投身到解决时代挑战中去，去缓解时代的焦虑，成为解决问题的力量，而不是让问题一再恶化。

生而为人

本书的编者提出了一个美好的愿景："一个企业兴旺、人人发达、自然繁茂的世界。"要让这种美好变为现实，需要所有人、社会、地球和企业齐心协力，步调一致。只要缺少任何一方面，都会功亏一篑。

今天，我们需要对于生而为人有更深刻的理解。长久以来，我们都接受经济学家将人讽刺为纯粹自私的动物，只懂得去追求自身利益最大化的说法。但光靠追求个人利益就妄想推动人类发展，是一种荒唐的谬论。虽然近年来，经济学家不断尝试扩大自私的内涵，也无法掩盖其荒谬的本质。利己主义对人类的生存的确至关重要。但是，要想对人类有一个立体的认知，我们就必须承认，人类天生就会关爱他人，也勇于担当。

人类有关爱他人的需求，甚至比追求自身利益的动力更足，所有的父母都可以证明这一点。人类越来越渴望追求生存的意义，《目标驱动生活》（*The purpose Driven Life*）能够在过去几十年成为畅销书，是意料之中的事情。如果企业的主要动力来自追求利益，就会给世界带来痛苦。人们将持续生活在不安和恐惧之中，为钱而"战"，会越来越焦虑、沮丧、病态，甚至会产生自杀倾向。我们感受到内心的愤怒、内疚和羞耻，感觉自己变得孤独、贪婪而无情。最终，我们为了追求短暂且毫无意义的虚幻，牺牲了生而为人的美好、神圣与奇妙。

新的企业理论

人类是唯一拥有自由意志、想象力和道德感的物种。我们所做的每一件事，包括经营企业，都应反映出我们生而为人的特征。但是现在，企业的标准定义成了"产品和服务的生产、分配和销售都是为了赚钱"。在这样的定义中，企业的所有经营行为都落脚在"赚钱"二字上，赚钱成了传统企业中毋庸置疑的核心。按照这样的理解，只有在为赚钱做出更大贡献时，人的重要性才能体现出来。

17世纪时，尼古拉斯·哥白尼（Nicolaus Copernicus）提出，地球不是宇宙的中心。今天，我们也要进行一场新的哥白尼式革命。企业必须意识到，赚钱不是企业经营的核心。企业应该以生命价值为核心，比如人和地球繁荣。包括赚钱在内的其他所有事情，必须围绕这一核心展开，为这一核心服务。

发现大多数人的需求，满足这些需求，既是企业的机会，也是企业的责任。人生在世，就是为了表达独一无二的自我，以及彼此关爱。新的企业理论，正是建立在上述基础之上的。而企业，就是规模化满足人类需求的一种手段，应该通过经济而环保的方式，服务并满足人们的需求。

我们的目标，是建立一个基于市场的经济体系，企业在该体系中，通过满足人类真正的需求，获得快乐和意义。企业的目标不该是成为最赚钱的企业，而是对人类和地球未来产生最大积极影响的企业，通过各种善举，解决深刻的社会问题，恢复地球的生态。他们投身的，应该是一场没有终点的共赢游戏（游戏目的就是永不结束），而不是一场有着明确时限、没有赢家、人人皆输的游戏。共同地球未来基金会（One Earth Future Foundation）的研究主任兼政治心理学家康纳·塞勒（Conor Seyle）认为："人类并不擅长解读统计数据中表达的趋势和长期变化。"认知偏差有很多种，比如过度贬低（认为现在比未来更重要）、旁观者效应（认为"其他人"会去应对危机）以及沉没成本谬论（即使面对不好的结果，依然选择"一条路走到黑"）。正因为存在这些痛点，新的企业行为和理论才会出现。在表9.1中，我们总结了传统企业理论和我们所推崇的新企业理论的主要区别。

表9.1　企业理论新旧对比

传统企业理论	新企业理论
人类行为受自身利益的驱使	人类行为受自身利益、关爱他人的需求以及对意义和担当的追求共同驱使
人活着是为了利用他人为自己服务，从而获得成功，也就是说，是为了尽可能多的获得财富和权力	人活着是为了表达自己，服务他人
企业是一种利用他人服务自己的规模化组织（满足自己的需求、欲望和期待）	企业是一种表达自我和服务他人的规模化组织

续表

传统企业理论	新企业理论
每个人都应该"最大限度地"追求自身利益。我们假装考虑利益相关方，是为了获得他们的忠诚和信任	人类有关心他人的真诚愿望。企业让我们可以通过滋养彼此的方式，做到这一点
"做生意就是为了赚钱。"——美国通用汽车公司总裁艾尔弗雷德·斯隆（Alfred Sloan）	"做生意是为了人，以前是，现在是，将来也是。"——美国西南航空公司总裁赫伯·凯莱赫（Herb Kelleher）
企业的存在是为了给老板赚钱，给社会创造财富	企业是一个服务载体，满足人们在马斯洛需求层次结构中不同层次的需求
能让企业和社会都达到最佳状态的直接追求和单一目标就是赚钱。因此，企业必须不惜一切代价（只要不违法），实现利润最大化	企业应该为了正确的理由去做正确的事情。利润对于企业发展至关重要，但是利润不是求来的，而是水到渠成的。当企业出于更高尚的目标，真正为人们服务时，自然会赚到钱
我们的经营思路是承担"有限责任"	我们的经营思路是"全面负责"
财报结果是企业经营的唯一重要指标	企业经营对人、社会和自然生态造成的结果和财报结果同等重要，有时甚至更重要
唯利是图带来的"附带损害"是不可避免的，也是可以接受的	附带损害是不必要的，也是不可接受的。我们必须对所有外部性因素负责，并将这些因素纳入企业经营的考量范围之中，正外部性因素除外

续表

传统企业理论	新企业理论
权衡利弊对于企业经营而言至关重要	拒绝权衡利弊有助于激发企业的爱心和创造力，释放协同增效的源泉
在做出所有决策时，都从"经济价值增值"的角度设置既定目标	我们并不执着于得到"难得的结果"，我们投身"正确的行动"，并相信这样会带来正确的结果，在经济和其他方面都是如此
人类的痛苦（焦虑、抑郁、压力、恐惧、不安）与企业的经营模式无关	企业经营模式会加剧或减轻人类的痛苦
繁荣等同于经济上的富裕	真正的繁荣是全面而多层次的
在激烈的商业竞争中，只有少数人会成为赢家，大多数人都是输家	如果不能实现双赢，就无所谓赢家与输家。每个人都很重要，共赢才最重要
企业与利益相关者处于一场"零和博弈"之中，一方获益，另一方就会有损失	为了实现三方共赢，必须三方共同付出。付出的越多，得到的也就越多。但是，如果我们都只顾着从这个体系中尽可能多地索取，最终只有死路一条
我们奉行精英管理，"不成则败"	我们提倡一种平等文化，万物都享有尊重和尊严，人人都能以自己独特的方式发展。我们没有划分白领和蓝领、高知和文盲、全职和兼职的"等级制度"
我们按照线性经济思维来管理企业	我们按照循环经济思维来管理企业
经营企业是一场有终点的游戏，有规定时限和退出机制，有人成功，有人失败	经营企业是一场没有终点的游戏，其主要目标是能够一直将游戏无限持续下去

传统企业理论	新企业理论
企业的经营时间跨度较短，通常局限于一位领导者的任期，或再多几年	企业的经营时间跨度更长，超越领导者的任期，甚至比人的寿命更长
效率为王。对于人类和地球的考虑是次要的	功效为王。对于人类和地球的考虑是首要的
经营企业是一种唯利是图的职业选择，一种赚钱的手段	经营企业是一条奉献和服务的崇高道路
如果一家企业能赚钱，它就有存在的必要，比如对冲基金	如果一家企业不能为社会创造价值，它就没有存在的必要，比如高频交易

多种财富

赚钱很重要，确实。因为利润也是一种共同利益。在自由市场中，不赚钱的企业对社会是不负责任的，因为只有赢利企业才能交税，我们只能享受赢利企业创造的财富。如果企业不赚钱，也就没有了税收，没有了税收，就没钱搞基建，搞教育，没法发展社会正常运转所需的任何基础事业。从某种意义上讲，税收是社会积累的利润，能用来对共同利益持续投资，促进社会整体福祉。税收也是经济体系健康运转的保证。然而不幸的是，许多企业花在税务代理人身上的钱，比他们交的税还要多。

因此，赚钱不只对股东有好处，还能让企业对共同利益投资，为人们提供服务，为市场带来更多创新，创造更多就业机会，增强经济竞争力，从而提升整个社会的福祉。赚钱很重要，但更重要的是，企业是如何赚钱的。企业可以通过压榨他人和生态环境赚钱，当然也可以对人和生态环境创造积极影响。有证据表明，遵循这种新范式的企业，赚的钱其实比传统企业更多。

迎接美丽新世界

企业追求利润最大化的做法，带来了人均收入的巨大增长，促进了技术的非凡进步，还显著延长了企业的寿命。但是，不管不顾、一门心思地追求利润，也可能让工作失去了人情味。企业将人当作经营成本一味压榨，肆无忌惮地进行资源开发。这种经营思想直接导致了武装工会的崛起，以及马克思主义、社会主义和共产主义的来临。这些社会运动和意识形态的出现，正是对传统企业理论允许并支持资源滥用的做法做出的回应。在传统理论中，利益寻租行为摧毁了所有其他潜在价值，不仅让世界变得分裂，还带来了无尽的痛苦。

传统理论对环境和地球生态造成的破坏极为严重。地球资源是有限的，地球生态是脆弱的，而我们却认为地球资源取之不尽，用之不竭。结果，生态系统被严重破坏，森林被砍伐，空气和水被污染，海洋鱼类被过度捕捞，无数物种走向灭绝。我们忘记了，人类应该从分布式模型中悟出什么道理，应该从脱离自然、破坏和谐、丧失体面、造成生态单一化的后果中吸取什么教训。

我们不需要在钱与人、成功与痛苦之间做出选择。只需要采取一种全新的以人类和地球为中心的企业模式，就能够发挥资本主义的优势，扬长避短。做到这些，企业就能变得高尚、勇敢而美好。《有目标的企业》一书的作者是这样描述的：

> 大型企业是重要的社会经济组织。他们是财富的创造者，为人类摆脱困境提供规模化的解决方案，因此，他们是推动人类进步的力量。他们追求明确定义的企业目标，并根据这些目标，去着手改善人们的生活。这些目标是整个企业都需要信守的承诺，它们让人们之间充满信任，让形式更为复杂的价值变成现实。

正如美国科幻作家威廉·吉布森（William Gibson）所说的，"未来已经到来了，只是分布不均。"如今，有许多企业已经开始采用全新的管理思路了。我们不仅要认可并恭喜它们，更应以它们为榜样。每年，世界各地从商学院毕业的学子多达数百万。我们要告诉他们，这才是我们未来创办企业的正确方式。

假如我们不这样做，就说明我们没有承担人类有史以来的最重大的责任。未来，我们的子孙后代会记得今天掌握权力并有影响力的这些人，记得在生态系统面临瓦解时，他们是多么冷酷无情、目光短浅和妄自尊大。作为地球生态的管家，我们必须清醒过来，好好履行我们肩上的责任。地球已经存在了45亿年，我们却在短短数百年间，实实在在地毁掉了地球原本相当强的供养能力。地球原本可以让更丰富的物种更久地繁衍生息下去，可人类生活方式的愚昧无知，让我们这代人就能够清楚预见人类社会终将走向毁灭，绝大多数其他生命形式也终将灭绝。

好在，这样的未来是可以避免的。我们有代理人，可以去影响并改变地球的生命轨迹。我们掌握着操纵杆，如果谨慎合理地操作，就能让人类社会和地球重返欣欣向荣的轨道。改变企业经营方式是当务之急。大部分企业的做法，似乎并未考虑未来，或并未意识到未来的重要性。于是这就成了一场人类还没有意识到的、目光短浅的"自杀"。每家企业都应该将未来纳入利益考量。我们必须有所不为，对于一切不利于地球繁荣未来的事情，我们都应该拒绝。

现在，是时候从集体麻木中清醒过来了，我们必须记住自己的身份：我们是万物之灵，我们肩负着护卫地球、维护生命繁荣的责任。而我们对于企业真正定义的理解，也该与时俱进了。

利益相关方资本主义：
三代人的共同心声

R.爱德华·弗里曼、乔伊·伯顿、本·弗里曼

引言

每代人都会遗留一些问题，交给子孙后代去解决。企业对当今社会产生的作用也是一样。从最伟大的一代（1928年之前出生）开始算起，我们对企业的基本解读已经发生了数次变迁。现在，我们对企业又有了全新解读，认为企业可以让我们的社会变得更美好。这种看法的叫法不止一个，有人称其为"利益相关方资本主义"，也有人称其为"自觉资本主义""包容性资本主义""公正资本主义"以及"ESG或影响力投资"等。类似的术语不断涌现，也日渐受到人们的欢迎和关注。

我们将从几个关键观点切入展开讨论，它们对于无论哪个版本的企业定义，又或是利益相关方资本主义的理论，都是最基本的。然后，我们将分别从婴儿潮一代（1946—1964年出生）、X

一代（1965—1980年出生）和千禧一代（1984—1995年出生）的角度，分析不同时代的人对企业的简要看法，刚好，本文的三位作者分别来自三个不同时代。我们认为，利益相关方资本主义的主张回应了三代人共同关心的问题。最后，我们将探讨利益相关方资本主义对社会的影响，谈一谈还有哪些工作需要继续去完成。

由于对于企业的全新解读广受人们欢迎，所以有必要与不同年代的人同时进行探讨。当今世界存在着诸多问题：全球变暖、贸易全球化、挑战伦理的新科技等。企业必须成为以上问题解决方案中的重要部分，人们才有希望解决上述问题。

利益相关方资本主义的五点思路

过去，人们认为，企业主要是为股东或其老板的利益服务，但这种老掉牙的说法早已过时。关于改革的建议有很多，但大都包含了五点思路。任何对资本主义和企业的新解读，都必须解决五点矛盾，这些矛盾的两方经常被视作二元对立的，但其实不然，应该将它们看作一个和谐整体才是。21世纪，成功的企业需要解决以下五点矛盾：一是目标和利润；二是利益相关方和股东的价值；三是社会力量与市场力量；四是人道主义与经济利益；五是企业道德与经营管理。

婴儿潮一代、X一代和千禧一代在全球各地创建了成千上万家企业。他们的经营理念与今天我们对企业的新解读不谋而合。在许多国家都先后出现的"社会创业"（social entrepreneurship）热潮就是一个有力的佐证。在美国，以利益相关方为导向、立意更崇高的企业正在不断涌现，例如全食超市、集装箱商店（Container Store）、彩衣弄臣（Motley Fool）公司等。此外，车美仕（CarMax）等公司已将企业伦理置于管理理念的核心，在经营中也已经贯彻落实，从而颠覆了整个行业。达能和联合利华等大型企业也重新制定了更高目标，致力于为利益相关方创造价值，解决全球变暖等问题。此外，纽约人寿等老牌公司也一直在践行利益相关方资本主义的主张，并已坚持多年。

事实上，所谓的"新解读"也并不新鲜。虽然许多企业高管和专家都意识到了，优秀的企业并不会忽视客户、供应商、员工和社会以及所在社区的利益，但他们却依然坚持"股东至上"的原则。利益相关方资本主义充分认可了上述利益相关方的重要性，让商人拥有改善经营方针的自由，从而为所有人创造共同利益。而且越来越多的证据表明，照顾利益相关方（包括股东）的企业，往往会创造更好的业绩。

这个全新的解读，至少经过三代人的一致认可。不过，每代人与企业之间都存在着某种的矛盾关系。虽然在人们眼中，这三代人截然不同，但我们认为，即便存在差异，但是在利益相关方资本主义的问题上，三者还是存在诸多相似性。

利益相关者资本主义与婴儿潮一代

有人说："婚姻是唯一让我感到恐惧的事情"；有人说："宗教信仰就是为放弃生活的老年人准备的"；有人说："你比成年人更强的唯一一点，就是你总可以让他们迷惑且担心"；还有人说，"对于想教我们做事的老年人，我们只想反唇相讥"。最后，有人又补充了一句，"我宁愿做些其他造福人类的事情。"

这是谁的言论？你的答案，或许取决于你的年龄。婴儿潮一代可能会经常听到千禧一代的抱怨，他们对前人留下的制度深感不满，因为往往他们的追求是造福社会。X一代或许常会听到他们的孩子（即"Z世代"，1996—2012年出生）公开指责年纪大的人，因为他们就是想让父母担心，就是想说"我宁愿做些事情造福人类"这种天真的话。

其实，前文那些话是1965年的采访中年轻人们说的话。记者想了解第二次世界大战后出生的青少年，也就是婴儿潮一代的想法。少年们的话道出了长辈们忽视的东西。他们觉得自己和社会体制格格不入，尽管这种体制给老一辈带来了稳定和团结。对于过来人的智慧，他们也将信将疑。记者在当时将他们称为"X一代"，因为要不是继承了前人建设的社会体制，这代人将会变成什么样，将会在社会中扮演何种角色，都将是未知数。

从那以后，人们便开始用"X一代"来指代"婴儿潮一代"

的子女。但即便如此，这两代人在青年时期，依然有很多相似之处。每一代人都会成长，每个时代都有不同的挑战、利益和当务之急。但有趣的是，婴儿潮一代也曾有过和当今的千禧一代和Z世代有过一样的想法，都想过"我宁愿做些事情造福人类"。

婴儿潮一代对企业总是有一种不信任感。虽然他们从一开始就对企业持怀疑态度，但是从婴儿潮一代中，也诞生了许多伟大的企业家，比如史蒂夫·乔布斯（Steve Jobs）、比尔·盖茨（Bill Gates）和约翰·麦基（John Mackey），这算不上意外。这三个人改变了世界，也改变了企业、政府和其他社会机构的接触方式。

随着婴儿潮一代成年，20世纪70、80年代，出现了疯狂华尔街、金融操纵和技术创新。就是在此时，经济学家米尔顿·弗里德曼提出了他的著名观点，即"企业的唯一责任，就是为股东实现利润最大化"。

可是别忘了，这也是企业推动社会变革的时代。企业需要对社会负责，为各类社会项目投资，因此，股东也是推动社会变革的力量。婴儿潮一代带了个好头，他们要求股东加强对企业经营的控制，从而引领了多次全球市场变革，让数百万人摆脱了贫困，让所有人都有机会过上有品质的生活。

利益相关方资本主义强调的五大思想，对于今天婴儿潮一代所关切的问题，是十分有利的。婴儿潮一代担心退休后的收入问题，而对利益相关方资本主义的多项研究结果均表明，当企业重视利益相关方之后，老年人的退休金将会增加。过去，婴儿潮一代的理想主义价值观曾将社会推向变革的边缘，而今，他们又引领了企业应对社会挑战的一股风尚。

利益相关方资本主义与"X 一代"

"X 一代"出生于1965—1980年，是"婴儿潮"一代的子女，常常被形容为好逸恶劳，怪里怪气，他们很容易形成部落似的小圈子，还喜欢听很吵的音乐。内向，是贴在 X 一代身上的标签。他们也被称为"钥匙挂脖子上"的小孩，因为他们是首批在双职工家庭中长大的一代人，父母双方都有稳定工作。他们当中还有许多人的父母在童年时就离异，从小生活在单亲家庭中。他们夹在"婴儿潮"一代和千禧一代中间，并没有什么特别的意识形态、社会观点或制度规范。

然而，就像其他世代一样，X 一代所扮演的社会角色，同样对企业的新解读产生了重要影响。X 一代是父母中的"隐形战斗机"，既不会给孩子太多超前学习的压力，也不会纵容孩子原地踏步，而是根据孩子的情况因材施教。他们受教育程度比前面几代人更高一些。大约半数的企业管理者都来自 X 一代，他们一生都在忙事业，学习传统企业管理经验。他们当中，有一半左右的人能够紧随科技发展的脚步，在包括社交媒体等媒体平台上，他们可能比千禧一代更加活跃。

除了当企业领导之外，X一代的社会作用也常常被人误解。他们是当前年轻一代的父母，是当前年长一代的孩子，过着上有老、下有小的生活。据估算，X一代的慈善捐款占比为20%，并将因此在未来获得经济上的补偿。在未来几十年里，他们的财富将增加17万亿美元；相比之下，千禧一代同期财富增加仅有11.6万亿美元。但在30年内，千禧一代又会从婴儿潮一代那里继承约三倍于此的财富。

X一代工作兢兢业业，享受着企业提供的优厚的福利，退休后还能拿到退休金。他们这辈子幸运地遇到了401K养老保险计划，他们也是在经历了2008—2009年全球金融危机之后，唯一能成功填补经济损失的一代人。因此，X一代通常比他们的父辈或子女更具风险承受能力。相比之下，其他代际的人更愿意持有现金，不论是存钱还是贷款，他们的意愿均不及X一代的一半。

虽然X一代承担了这么多重要的社会角色，但人们普遍认为，千禧一代的社会意识要比X一代更高。情况一直在变化。有报道称，有78%的千禧一代富豪在2018年对ESG事业进行了投资。同年，在扩大企业领导层多样性、支持生态可持续发展和其他社会公益项目方面，千禧一代富豪的投资比例是X一代富豪的两倍多。截至2020年底，由X一代推动的社会责任投资增长了

42%（含X一代用养老金投资的资产管理基金），这些资金用来追踪企业在应对气候变化、环境保护、员工待遇、性别平等等多方面的实践，其规模超过了17万亿美元，约占美国基金总投资额的三分之一。虽然人们一开始觉得X一代好逸恶劳，但事实证明，他们不仅照顾着一家老小，而且在对企业投资方面，也承担了自己的社会责任。

未来，随着X一代在企业高层领导中的比重不断增加，当我们再去看X一代如何改变企业管理，尤其是大企业的经营方式，以追求更高社会目标时，我们就不会觉得他们的企业培训思维、风险偏好或价值观与我们印象中的不一样了。过去，经济体制改革是由企业来推动的，而X一代，很可能是与旧制度关系密切的最后一代人了。现在，他们也到了该接手一切的年纪了。在未来20年中，X一代将成为利益相关方资本主义的重要推动力量。

利益相关方资本主义与千禧一代

千禧一代出生于20世纪80、90年代，在成长过程中，他们经历了前所未有的全球互联互通发展、科技进步和财富增长，同时也经历了全球金融动荡、生态环境恶化、全球安全危机频发、不平等日渐强化。在科技的加持之下，千禧一代观察到了没有目标、不考虑利益相关方的经济体制对人们造成了多大伤害。由于千禧一代有更多机会享受科技进步，他们也更乐于在社交媒体上实时发布自己的观点。他们最愿意表达自我，也有权去定义他们眼中的企业是什么。

例如，千禧一代对大型企业持怀疑态度，却很愿意成为企业家。在千禧一代中，约有三分之一的人要么是企业老板，要么拥有工作之外的副业。该比例在X一代中仅为五分之一左右。千禧一代与市场的关系更为密切，并认为市场应该更加公平且更具包容性。

技术进步支持着人们去发表不同的观点，也让千禧一代在面对未来、将自己的世界观融入企业管理时，有了前所未有的多样选择。从社交媒体上能明显看出，千禧一代对资本主义和企业的内部的观点差异，要大于代与代之间的观点差异。尤其是将千禧一代的观点与老一代人在相同年纪时的观点进行比较时，这种情况更为突出。社会是多元的，在千禧一代心里更是如此。在美国，千禧一代比其他几代人有更多的移民或少数族裔。在他们当中，不太可能产生政治中间派。由于多种经济社会原因，与前几代人相比，他们结婚生子、工作、存钱养老和买房等各个人生阶段都有所推迟。

除了"贪婪是好事""股东利益最大化""大企业糟糕透了"这些经济社会两极分化的褒贬评价，千禧一代的观点丰富多样，也就能够对经济体制和企业中的有效做法进行排列组合，从而做出更可持续、更加包容的创新。

千禧一代认为，身边发生的所有问题都与自身息息相关，因此他们渴望推动企业向善的想法更是非常普遍。消费者有更多的渠道去了解产品是如何生产的，是由谁生产的。在社交媒体时代，他们更懂得根据自己的价值观去选择支持哪些企业。千禧一代并不把自己当成单纯的消费者，他们支持的是正确价值观，是人和政策，还有利益相关方。技术进步让他们能够通过花钱消费来表达自己的态度，实现前人所不能。

千禧一代是在全球网上社区中成长起来的，他们对世界有更为直观的个性化理解。得益于网络的发达，其他国家看起来也不那么遥远了。在网上，你可以和外国朋友边打扑克边聊天，顺便就认识了越南的小唐，巴基斯坦的伊什和德国的马丁。虽然人们未曾谋面，但作为千禧一代，他们对国外的风土人情十分了解，自然能彼此成为朋友。由于能够接触到不同国家的人，摆在千禧一代面前的是前所未有的多样性。虽然身在不同国家，但相同的爱好促使他们建立了包容而多样的网络社区。这也让他们对全球事务的紧密联系有了更深的理解，而老一辈人却普遍认为，外国是电视上才能看见的远方的世界。

全球之间日渐紧密的联系，逐步转化成了人道援助行动和企业的社会责任感。在千禧一代看来，全球经济的发展、企业和工人福利和帮助落后地区的人们同等重要，因为实际上，地球是所有人唯一的家园。如果一家公司为地球上迫切需要鞋袜和眼镜的人们提供了这些紧缺物资，那么千禧一代就会觉得他们应该支持这家公司。但对老一辈人来说，如果某家草坪养护公司赞助了社区的棒球队，他们才更可能会因此而选择这家公司的服务，因为他们认为自己所在的社区更重要。而千禧一代对社区的定义范围要大得多。

千禧一代不仅是具有怀疑精神和目标意识的消费者，或者说，他们称自己为"支持者"，更是企业家。千禧一代许多都有自己的副业。打多份工不是什么稀奇事，但与X一代和婴儿潮一代相比，千禧一代做兼职的概率更高。这种趋势的产生，可能是因为在地产和金融危机期间以及危机刚刚爆发之初，造成了劳动力的多余；又或者是互联网创造了零工经济，增加了兼职机会。千禧一代的成长伴随着互联网，这也让他们更善于发现创业机会。

诸如Etsy等跨境电商网站就给了千禧一代更大的自由。他们通过打造全球虚拟市场，减少经营企业的时间损耗，引领了产品创新、人人创业的爆炸式增长。在技术进步的加持之下，这些创业者最关心的问题就是如何生产出好的产品，让他们能更加从容地去做一份值得花时间的兼职工作。

老一辈人可能受到了误导，认为忠诚于一家公司，才能实现互惠互利。在目睹了他们的遭遇之后，千禧一代在找工作时更加注意这个问题，他们不像老一代人那样依赖雇主，尤其是大公司，他们对此更加谨慎。老一辈经历过工厂倒闭、金融危机、行业崩溃，退休金不足以维持生活，这些遭遇都是过时的经济体制带来的弊端。

千禧一代在工作时，侧重于根据爱好或兴趣去合法创业。大多数千禧一代热衷于自己开公司。截至2016年，他们当中大约一半人要么有一份兼职工作，要么就在尝试创业。随着全球化的推进，千禧一代这种创业和工作方式，在一定程度上被定义为将社会担当作为企业目标之一，而不会将其作为成功带来的附带结果之一。从根本上说，千禧一代并不认为企业追求社会利益和赚钱是矛盾的。企业可能无法解决饥荒、气候变化等问题，但他们能够为需要的人提供鞋袜等生活必需品。随着千禧一代在全球经济中的贡献度越来越大，他们的创业本能将对全球问题产生重大影响，而且他们也能够通过创业赚钱。

发挥利益相关方资本主义的作用

虽然我们对未来感到乐观，但是，在讨论三代人和利益相关方资本主义时，我们认为，为了让这种企业的新解读成为社会的主流，我们还有很多工作要做。第一，政府的作用是促进价值创造。政府可出资建设创业孵化器、加速器、培训班，联系导师帮助创业者，不要一副官僚做派。对于那些没有机会参与企业经济的群体而言，这一点更是重要。杰夫·切瑞（Jeff Cherry）在美国巴尔的摩创办的意识风险实验室（Conscious Venture Lab）就是一个典型的例子。

第二，我们应该有意识的去成为一个创业国家，以建设更强社区的名义，由现有的企业牵头，通过各级院校的课程，鼓励年轻人创业或参与兼职。鼓励跨代指导，这也是作为促进利益相关方资本主义各方团结的一种重要方式。

第三，公司法的变化也会推动利益相关方资本主义的发展。这是一个大问题，我们将在后文中展开详述。

最后，我们为积极投身于价值创造的利益相关方点赞，也应该提升践行企业向善的创业者和兼职者的地位。他们当然需要获得应得的报酬，同时他们也要为利益相关方创造价值。在实践中做到这一点不容易。但是，只有当我们意识到，大多数创业者和高管都在有意或无意地践行利益相关方资本主义，我们才能取得更大进步。

我们需要成为推广企业向善的一代人，去解决好历史遗留问题和我们制造的问题。为了子孙后代，我们必须让世界变得更美好。

企业转型
与价值转型

吉莉安·M. 马塞尔、杰德·埃默森

引言：重塑梦想

　　一个全面繁荣，企业与利益相关方能够协作共赢，人人兴旺发达，生态欣欣向荣的世界是令人向往的。要实现这一愿景，必须给予足够的制度支持（法律法制、企业组织和基础设施等），这样一来，市场供应才能够根据政策导向，做出快速响应。在当今世界上，企业掌握着丰富资源，完全有能力通过投资新的技术系统、教育机构和劳动力市场获取信息，因时而动，和大家一起，为创造共同利益而努力。

　　在肯定这种乐观愿望的同时，我们也避开了主流研究的出发点。"理性经济人"（Homo economicus）[①]不该成为所有金融

[①]　理性经济人（Homo economicus）：经济学术语，它假定人是始终理性且自利的，并会以最优的方式追逐主观目标。

160

和经济研究的默认假设。要实现这个美好愿望，创造一个可持续的、可再生的世界，需要我们重塑梦想，并在评估当前世界和创建未来世界时，采取一种批判而包容的态度。在此过程中，我们还借鉴参考了政治经济学、批判管理研究、女权主义经济学和批判现实主义哲学等学科。我们让被边缘化、遭受压迫和被排斥的人们来到聚光灯下，而不是让其待在舞台的两侧，永远当看不清的影子。我们没有使用完美市场①的假设，而是将全球大多数人所经历的真实世界纳入我们的考虑之中。我们所关心的，并非方便研究的抽象概念。

世界各国的发展道路、文化和社会制度都不一样，企业运作方式也各不相同。我们对繁荣世界的期许，超越了当前的西方主流视角，为我们的调查研究提供了新的角度和知识源泉。我们不是一定要找到某种简单答案或统一的框架，而是去改变"框架"。我们的论点所围绕的概念框架将来自非洲裔美国人和"全球南方"（Global South）学者的理论框架纳入其中，同时引入了女权主义和去殖民化的案例。正如美国诗人奥黛丽·洛德（Audre Lorde）所说，"主人的工具永远不会拆除主人的房子"。

---

① 完美市场（Perfect market）：又作完全市场，经济学名词。在完美市场中，交易的成本接近于零，所有市场参与者都是价格的接受者。在这个市场上，任何力量都不对金融工具的交易及其价格进行干预和控制，任由交易双方通过自由竞争决定交易条件。

我们认为，目前，从股东资本主义转向利益相关方资本主义的方向是正确的，但目前的努力，尚不足以推动更深层次的体制转型。其所缺乏的，正是源自古老非洲、亚洲和美洲原住民传统中，对价值和管理的替代思维。这些传统智慧被全球经济体系束之高阁。对如今的世界来说，重启过去的智慧尤为重要。本章内容，概述了我们应该采取哪些行动来填补上述空白。

企业转型的五大杠杆

我们的转型计划包含了转型愿景和相关战略，旨在解决各种全球危机，为企业及其他参与者提供了下列五大管理杠杆，并逐一展开讨论：

（1）将创新作为社会变革的组织原则

（2）重新审视资本的目的

（3）采用三B框架，调动多种资本形式

（4）重视人的尊严和福祉

（5）经济体制改革

将创新作为社会变革的组织原则

对于变革而言，创新是最重要的概念和实践杠杆之一。学界认为，应该将创新视为一个学习知识的过程，而不是一味沉迷于开发前沿技术。在创新框架之下，尽可能打开思路，积极寻求解决方案，才能给全世界带来积极成果。以创新为中心推动转型，需要对知识的产生和组织流程进行优化，从不断增加的广泛知识来源中寻求解决方案。至于投资者，应在该框架之内，寻找创新者和解决方案，积极主动地创造公共价值及混合价值，将互利的结果平均分配给社会的各个群体。企业、政府和社区作为创新者，在扩大解决方案的覆盖范围、遏制危机深化方面，发挥着十分重要的作用。

重新审视资本的目的

当我们在未来市场中为创新和可持续性的项目或企业提供融资时，投资者整体能力的核心在于对资本的目的有一个清醒的认识。许多西方人在投资时，都倾向于假设，资本的目的是寻求效率最高、效果最佳的投资方式，其唯一标准就是资本回报率。这种观念与人类几个世纪以来总结的经验并不相符，它是在现代金融资本主义的框架和实践中，才开始被人们普遍接受的。与此同时，这一概念与其他文化和历史传统的核心相比，也形成了鲜明对比。每一代人、每种文化都有责任去反思资本的真正目的，并不断加以完善。

采用三B框架，调动多种资本形式

要实现我们提出的愿景，制定恰当的战略，调动激活多种资本形式至关重要。为此，我们建议采用瓶颈（bottlenecks）、盲点（blind spots）和混合金融（blended finance）构成的"三B框架"（Triple B Framework），旨在应对资本增速缓慢，改进分配决策。该框架借鉴了美国经济学家道格拉斯·诺斯的制度经济学思想，强调了结构、过程、文化规则和规范在企业行为和最终结果中的重要作用。大家都承认，对社会环境的强调是支撑这一框架的基础。

三B框架包含三大要素是：瓶颈、盲点和混合金融，此框架是激活资产、创造公平社会福利的一种手段。企业由此制定投资战略，旨在通过几个重要步骤消除阻碍经济繁荣和社会发展的瓶颈和盲点。

瓶颈是指，减缓或阻碍资本调动或部署的障碍，具体分为结构性、过程性和认知性三类。在加密资产投资公司（Zinica Group）和金融科技公司Bitt的案例中，两家公司成功解决加勒比资本的市场结构瓶颈，前者开发了业务品种更为丰富的"数字"证券交易所，后者则开发了符合监管要求的数字货币。

盲点因经济体制中人们的行为和态度而形成。根据心理学理论和关于认知偏见的研究，我们认为，盲点通常会让资本流通体系和相关流程出现问题，从而对人类福祉和自然生态造成不良影响。认知盲点是指因性别、种族或民族同质性形成的"群体思维"，是变革的主要瓶颈，在金融和投资部门更是如此。以美国投资行业为例，许多行业领导者至今仍旧不相信多元化红利的存在，也就不会对此采取措施，丰富人才多样性，均衡员工的种族、性别和经济状况。结果，金融和投资公司省略了这部分内容，从而限制了自己解决问题的能力。通过关注资本市场的行为和心理特征，三B框架提高了企业的解读能力。其实，这方面的工作已在推进。影响力投资公司伊鲁珉资本（Illumen Capital）就是其中的佼佼者，已将消除认知偏见和盲点纳入了公司管理的核心。

混合金融是三B框架的最后一部分。其定义是，将金融资本与其他多种形式资本（例如知识、政治、社会、文化、网络和人脉等）相结合的一种投资战略，旨在利用个人资产或集体资产，将公益服务提高到最佳水平。

三B框架的显著优势之一就在于，它有利于我们去思考，在企业与资本市场构成的生态体系中存在哪些薄弱环节，并通过调整对其进行弥补。在混合融资中，这一点表现得尤为明显。在这种背景下，非金融形式的资本甚至要比金融资本还要重要。因此，当务之急就是注入知识资本，"催化剂"和"活化剂"也必须发挥关键作用。生态体系建设者对非金融形式的资本进行合理部署，有助于调整资本市场的供需面，从而减少供应链中的摩擦。个体企业中的佼佼者、生态体系建设者和配套机构是最关键的主力军。从转型进程看，该问题应该引起重视，其目前的缺位，也解释了可持续发展目标项目的融资持续出现缺口的原因。

促进人类繁荣发展的项目还有一个特别重要的方面，那就是其中有着人类对自然资本所产生的影响的思考。在这方面，我们已经取得了长足的进步。比如，我们考虑了人类对地球的负面影响（如气候变暖），更多地利用金融工具和技术，从自然资本中获得利益（例如蓝色和绿色债券、沿海地区和生态保护区金融、可再生能源专用资金、再生系统和循环经济基金等）。在上述领域，三B框架已经得到了应用。

重视人的尊严和福祉

作为转型的重点之一，我们建议，经济体制转型应以人的尊严和生态繁荣为中心，而不是依赖市场力量，通过资源分配机制间接带来好处。研究人员对此开展了重要研究，并强调不能只从市场角度出发制定就业和民生等政策。该研究从批判现实主义入手，关注人对于联系、归属感和尊严等内在需求，提供了一套彻底的解决方案。在这种摆脱了束缚的组织模式中，企业和每个企业家都能够找到促进和改善人类福祉的最佳机会。在这样的体系中，企业和社会中的其他利益集团在开展项目时也绝不会将利润和剩余价值最大化当作压倒一切的目标。

经济体制改革

根据现行经济体制的逻辑，少数人获得了大量的财富，过上了富足的生活，而其代价，则是日益严重的社会不平等和环境退化。系统性排斥与不平等，是这种经济体制的晚期特征。因此，如果不从根本上重新校准这类经济体制的目的和本质，充分考虑其局限性，我们所设想的全面繁荣就不可能实现。在最近几十年，人们也开始关注当前这种产生大规模不平等的经济体制，并在实践中不断摸索如何进行改革。例如，绿色经济发展联盟（Green Economy Coalition）正在着手处理落后的经济体制对人类、其他物种和地球造成的负面影响。包括国际乐施会（Oxfam）在内的其他国际非政府组织，也主张改变经济体制的本质和目的。在营利性组织当中，主要投资公司和世界经济论坛则主张，我们应该改变经济体制，而不是对经济体制本身进行重组。在下一节中，我们还会谈到这一点。

企业成功所需的生态环境

上述五大转型杠杆涉及了个人、组织、社会等不同层面。转型的前提，是我们的文化和制度能够提供企业成功所需的生态环境。从个人层面看，我们的当务之急是提高认识，充分理解自己与营商环境的广泛联系，明白自己只是整体中的一部分。为了实现经济体系转型，首先必须提高个人意识和觉悟。虽然近几十年来，我们也看到了，企业界的主流论题发生了许多变化，但是，这些变化的根源在于，越来越多的企业人士开始认识到，企业从单纯追求经济利益转向造福全世界是多么重要。

从组织层面看，企业同国内其他利益集团存在着联系，而这些利益集团又广泛存在于全球各地的经济生态体系之中。2020年似乎是全球思维方式的拐点之年，人们开始重视企业在制定目标时的思维模式。这样的转变，让我们对未来感到乐观。利益相关方（通常是企业员工、消费者、公民和地球本身）可以在不影响企业经济回报的情况下从企业经营中受益。在此背景之下，所有权和利润分配等利益问题将如何发展，还有待进一步观察。但我们对此感到乐观，因为企业作为一种组织形式，其许多根本特征并未改变。

从批判角度出发，企业要想成功转型，需要了解一下地球资源开采史。这种开采史简言之，就是企业在世界各地开采资源，再输送到一小部分企业股东的手中。因此，重新探讨企业目的并非易事，光靠有影响力的有志之士去好心规劝是远远不够的。企业领袖需要在询证研究的基础上，重置激励措施，彻底转变思维，让其超越过去的管理理论和话术，才能让变革取得预期成果。

要超越过去，就必须盘点过去和当前思维模式中的盲点，有意识地拥抱其他选择。企业领导者应该坚定变革的决心，体现他们思想的进步。董事会和领导团队必须吸纳不同背景、多种学科人才，满足应对人类危机的需要。企业运营的各个方面都应保持透明，包括薪酬情况，以及以绩效完成度代替论资排辈等相关规定的遵守情况。企业需要真正负起责任，不能只做做样子，只求短期媒体关注热度，而不求长期变革实效。

上述变革和个人意识转变绝非易事，因为这需要打破现有的特权体系，建立信任，建立跨区域、跨代际、跨性别和跨种族的全新合作关系。这是很艰难的过程，需要指引、手段和支持，还需要有魄力和讲原则的领导力。实现这一切要依靠全社会的努力，光靠一家企业单打独斗是不行的。

结论

与所有人共建美好未来，需要企业发出强有力的声音，承认改变目前经营现状将会带来诸多好处。鉴于推动力量的规模有限，而主流思想却根深蒂固，因此要想让变革深入人心，需要企业的主动探索和长期参与。有影响力的企业领导者需要设法扩大解决方案的覆盖范围，在本国文化和疆界之外寻找人类繁荣发展的案例，在可靠的指引和帮助之下，他们需要深入了解内在盲点，充分考虑到不推动变革会带来的不利影响和后果。企业需要通过创新，才能提高未来社会的道德水平和公平正义。一旦开始行动，我们前文提到的这些关键思路，就能帮助我们突破瓶颈，探清盲点，调动资本。我们呼吁本书的读者加入企业转型运动中来，扩展我们的参照系，一起重新定义企业的价值和目的。

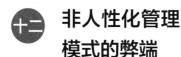 **非人性化管理
模式的弊端**

罗杰·L.马丁

我的困惑

1984年8月，朋友给我打电话，告诉我他刚刚开除了我的亲弟弟。我这个最小的弟弟利用暑假，去他的创业咨询公司里实习，此时距离原定的实习结束时间还剩三个星期。通话快结束时，他对我说，"此事不涉及私人感情，只是就事论事。"他似乎是想安慰我，但是，这种安慰却让我倍感困惑。很明显，我本该感觉好一点，因为他并没有针对我。我经历过许多类似的事情，多半都是立即就将它们抛在脑后，等待更有意义的事情出现。三十多年后，我意识到了，我那位朋友是将一种常见且带有缺陷的企业模式套用在我的身上。此外，我还意识到，企业亟须理解这种缺陷，避免成为它的牺牲品。

不过，在我着手研究这种缺陷及其对策之前，有必要先介绍

一下故事背景。我是在商学院认识这位朋友的。毕业后，他与人合伙创办了一家公司。1984年夏天，他告诉我，他想招一名研究员。当时恰逢我读大三的小弟放暑假，而且他刚好打算留在城里过暑假。于是我给他俩牵了个线，弟弟也就愿意去我朋友的公司实习12个星期，当他的研究助理。作为回报，我朋友为他提供了一间阁楼，可以免费居住。那栋老房子很大，我的朋友吃住、工作都在里面。房子正在分批翻新。考虑到公司提供了免费住宿，所以我弟弟的工资并不高。

结果，我的朋友提前解约了，理由是我弟弟工作干得很差。可这似乎并非事实。我弟弟是常春藤名校的高才生，他学习非常刻苦，被顶级的博士项目录取，并顺利毕业。没过多久，他又出版了一本著作，成了该领域的学术新星。后来，他去了一所常春藤联盟大学当首席教授。这样的履历，怎么可能是一个傻瓜或懒鬼能做到的？

我立刻向我弟弟核实了情况。他的故事版本是，在距离约定实习期还剩三个星期时，我的朋友决定翻修阁楼的地板，于是要求他立刻搬出来。我弟弟不同意，认为我朋友没有权利单方面改变原先的协议，这样做会给他造成极大不便。结果就是，弟弟被我的朋友给开除了。

我没法搞清楚究竟谁说的是真的。但令我感到难以置信的是，我的朋友竟然认为，我会把此事纯粹当成一件公事，不带任何私人感情。公事不也是人与人之间的一系列互动吗，除此之外还能是什么呢？当有人开除你的亲弟弟时，不论是事出有因，抑或是非难断，这都关乎私人感情。做生意的人，真的能放下私人感情吗？当然可以。但是，宣称"此事不影响感情"的做法实在是令人费解，我只好将这件事关进了我心中的"困惑箱"。

缺陷管理模式是如何建立的

时间快进27年，来到2011年。我刚刚写完《操纵游戏》（*Fixing the Game*）。在书中我着重讨论了企业只关注股东利益最大化的弊端。我认为，这种管理方式是无效的，因为追求股东利益最大化不仅无助于提高企业成功概率，还会产生许多附带损害，比如牺牲员工和客户利益，纵容高管的不当行为得寸进尺，从不得体发展到不道德，甚至违法。

令人欣慰的是，在接下来的10年中，我们见证了"股东利益最大化"这种霸权管理模式的崩塌。美国通用电气公司前总裁杰克·韦尔奇（Jack Welch）早年曾是这种管理模式的支持者，如今也不禁谴责它是"世上最蠢的想法"。但是，它的崩塌向我们提出了新的问题：如此愚蠢的管理模式，为什么会在如此长的时间内成为主流？此外，为了摆脱一种糟糕的企业管理模式，就非得先忍受这么久吗？

我突然意识到，其实，我的朋友在1984年就早已有了答案。要想建立一种貌似能够长久、却注定失败的无效管理模式，最好的方式就是将管理和人性划清界限，建立一家非人性化管理企业。就像我那位朋友所说的，"此事不涉及私人感情，只是就事论事。"这等于将生活中的复杂问题简单化，去除了整件事情中那些无形的且难以量化的人性化因素。对于我朋友这种喜欢用简单的处理方式的人而言，或许觉得这么做没问题，但实际上，这种做法是有代价的。

只追求股东利益最大化的企业，就是这类有缺陷的管理模式的最佳例证。可以说，这种企业管理模式起源于经济学家米尔顿·弗里德曼于1970年发表的文章《企业的社会责任是增加利润》（*The Social Responsibility of Business is to Increase Its Profits*）。他巧妙而直观地构建了"做生意就是为了赚钱"的企业经营模式。企业应该努力实现利润最大化，给股东分红，因为股东是公司的所有者。至于股东是否会将分红获得的钱捐给慈善机构，那是他们的个人决定。这是一种巧妙甚至扭曲的结构，它让企业高管不再进行人性化管理。这会导致他们不关心弱者或社会，也不做赚钱之外的任何事情：他们是只顾着赚钱的生意人。

继承弗里德曼的逻辑，迈克尔·詹森（Michael Jensen）和威廉·梅克林（William Meckling）在1976年发表了著名的《企业理论：管理行为、代理成本和所有权结构》（*Theory of the Firm:*

Managerial Behavior，Agency Costs and Ownership Structure）。这篇文章巩固了弗里德曼的管理逻辑，认为企业高管应该为股东工作，还列举了高管不为股东服务的风险，也就是标题中提到的代理成本。

有趣的是，詹森和梅克林在论证过程中，再次提到了人性，并明确谈及了高管的"自控问题"。只不过，他们提及人性，并非要推崇企业的人性化管理，而是要想方设法地压制人性。这篇文章强调了，股东可以且应该通过股权激励，拉拢贿赂高管，使之压抑人性，纯粹为股东牟利。这套管理模式的支持者利用了另一套巧妙的逻辑：如果股东做得到位，高管就会做得到位。就像我提到的《操控游戏》一样，而真实情况并非如此。事实上，不管股东做得是否到位，高管都做得非常好。

詹森就该问题开展了深入研究。2005年，他在《价值最大化、利益相关者理论和企业目标函数》（*Value Maximization，Stakeholder Theory，and the Corporate Objective Function*）5中指出，如果没有单一的目标函数，企业高管们就无法做出明智的决策。该逻辑借鉴的是最优化理论，认为企业应该设定单一的目标函数，通过线性规划等手段，来实现企业生产过程的最优化，炼油厂就是一个实例。

31年过去了。当初的这套逻辑，如今已经发展成为一套成熟的企业理论，即使不能用难以抗拒来形容，至少也看上去很有道理。股东们理应由自己决定，是否将分红的钱用于慈善，企业高管不该越俎代庖，替他们去做要不要捐款的决定。为了鼓励高管合规经营，应该加大管理层的股权激励力度。将股东利益最大化作为唯一目标是必要的，这样才能消除高管在企业日常决策中的困惑。

这些逻辑放在一起貌似环环相扣。而不考虑人性化因素的倾向让上述观点变得更有说服力：管理者必须心甘情愿为股东管理企业，不要考虑其他事情。如果他们想考虑其他事情，你还可以通过股权激励等手段来笼络他们。说服管理者统一思想，将人性化因素丢在一旁，才符合股东的利益。因为，假如允许管理者进行独立思考，他们就可能成为陷入困惑的、不称职的决策者。不将人性化因素纳入考量对于重申这种观点是有利的，这是一个妙招，只要不考虑人性，在股权激励之下，高管就必将明确而专注地争取股东利益最大化，这当然称了股东的心意。

但是，谁又甘愿为不知姓名的股东操劳一生，将他们的利益最大化当作自己的唯一追求，只是因为某些理论认为他们应当如此呢？更何况，股东们总是来去如风，经常在毫无理由也不提前通知的情况下，将自己手中的股份转手给他人。此外，大部分股东登记股票的名字往往都不是股东的真名，而是一些代表真正幕后股东的受托人，例如富达投资（Fidelity Investments）或黑岩集团等。如此抽象而遥远的理论受益者，是很难让人产生工作积极性的。

如果没有单一的目标函数，就难以进行线性规划并给出一个解决方案。实际上，人的一生都在不断权衡利弊，比如家庭与工作、当下和未来、忙碌和放松、冒险和确定，等等。他们不会因为目标函数很复杂，就变得畏首畏尾，不知所措。这是人的一种生存状态。在医学上，我们有专门的术语来形容这种只关心一件事而忽略其他一切的人，比如强迫症或高度专注，也就是注意力缺陷与多动障碍（ADHD）的一种亚症状。

总而言之，企业在决策时不考虑人性，并不会轻易地被人察觉，反而能够使企业管理模式更具吸引力。但不考虑人性终究是一种危险信号，这种管理模式的结局注定失败。人性化因素是一定会产生影响的，因为企业管理模式本身就与人密不可分。

非人性化管理模式的致命缺陷

从历史来看，有无数管理模式都是以非人性化作为核心特色的，它们也全都没能善终，包括奴隶制、生产流水线、随时辞退和人工智能，均给全世造成了不利影响。

美国种植园奴隶制

可以说，奴隶制是史上最邪恶的管理模式，美国的奴隶制尤其恶劣。当然，家奴是当时的一种社会风气，但从本质上讲，它也属于一种企业管理模式。因为从17世纪开始，奴隶就成了美国南方种植园主所雇用的主要劳动力，他们又廉价，又听话。在这种管理模式的逻辑中，奴隶主并没有把奴隶当人，而是当作干活的牲口，完全无视他们也有语言、文化、家庭、社会结构、村落，也对子女的未来抱有期待。正是因为奴隶主灭绝人性，才发明了这种完全违背美国宪法精神、糟糕到不可救药的管理模式。最终，以美国内战的爆发终结了这场悲剧。

和所有非人性化管理模式一样，它带给受害者的可怕后果与伤害，或许会持续几个世纪。这些后果原本是能预见到的，但正因为它从根本上抹杀了人性，才让这种带有缺陷的管理逻辑正是建立在对人性的抹杀之上的。

生产流水线

据说，美国福特汽车公司总裁亨利·福特（Henry Ford）有一次抱怨称："为什么明明我只需要工人带着双手来干活，可他们却都带着脑子？"他之所以这么说，是因为人性化管理模式又回到了企业中，而这并不受他的欢迎。1913年，随着装配线技术的成功创新，福特公司开始生产经典车型T型车。新流水线将生产效率提高了一个台阶，但它要求工人不断重复简单而机械的体力劳动，一年中的每一周，一周中的每一天，一天中的每个班次，一个班次中的每一分钟都在重复劳动。为此，亨利·福特希望工人没有自己的想法，像机器人一样只埋头劳动。

科技的发展让福特得偿所愿，因为现代化流水线的特点就是机器人的表现往往比人更好。但同时，流水线引发了工人的不满，导致工人与雇主之间出现不和。工人觉得自己被异化成了机器，这种感受会导致生产中出了严重质量问题。查理·卓别林在经典电影作品《摩登时代》中，将工人的伤感表现得淋漓尽致。

流水线模式的逻辑足以成为摩登时代的一大特征。但是，它有一个致命缺陷，那就是为了让该逻辑成立，必须首先将人性化因素完全排除在企业管理之外。

随时辞退

美国所有50个州的雇主都有权在不提出警告或提前通知的情况下，以任意理由随时辞退员工。这种做法可以追溯到19世纪末，在当时与就业相关的监管条例中就已经有明文规定。对于雇主而言，这种企业管理模式的吸引力实在太大了，充分赋予了他们管理上的灵活性和对企业的控制权。由于雇主可以合法地随时辞退员工，因此劳动力彻底沦为了一种可变成本。员工们害怕被雇主就地解聘，使得雇主在控制员工行为方面，拥有了无上权力。

这种管理模式毫无人性化可言。在人际关系中，人们是不会在没有任何理由、不给任何警告的情况下，终止一段互利的长期关系的。当然，关系总会结束的。但是在正常人际交往中，人们在断绝关系之前，一定会提前警告对方或尝试挽回。尤其是当一方在经济上或其他重要方面依赖于另一方时，更是如此。假如一个人处理人际关系时仅凭自己的意愿随意处置，那人们会认为他有反社会人格，因为这种做法并不通人情。

随时辞退的就业模式已经崩溃了吗？并没有。但我认为，这一点正是普通美国工人对工作和雇主感到不满的根本原因。

人工智能、机器学习和数据分析

非人类参与的最新企业管理模式当属人工智能，以及机器学习和数据分析等配套助手。这些模型显然都是非人类模型。理论上，如果采用机器算法做出决策，将人性化因素剔除在外，企业就能够做出更好的决策。这种非人性化管理模型，听起来不仅有道理，甚至很吸引人。机器严格依据数据进行决策，速度会更快，精确度也更高，丝毫不带人类情感的偏见。

由于以往关于此类企业管理模式的记录并不多，要想评估人工智能决策的有效性，还要更多资料。但是，我愿意在此预测，这种企业管理模式最终会以悲惨的结局收场，就像种植园奴隶制、生产流水线和随时辞退等模式一样。因为人性化管理终将推翻非人性化管理模式。

可持续发展的人性化管理模式

那么，我们该如何预先判断，在某种管理模式当中，是否包含了足够的人性化因素，能够帮助企业实现可持续发展呢？在目前的研究阶段，我还无法总结出一个全面的特征清单，还需参考更多人的看法。但是在开始交流这一课题时，我建议从以下三项原则开始探讨：

工作积极性既不是一维的，也不是线性的

许多非人性的存在都是一维且线性的。也就是说，其因果关系是一一对应的，变量幅度也多半是前后一致的。比如，当你踩油门时，汽车就会加速。踏板踩下去一点，速度就提起来一点；如果狠狠踩下去，就会瞬间提速。这种简单的、一维的机械关系，或许会让人误以为生活也应该是这样的。

但是，这种逻辑根本不适用于人身上。金钱报酬只是让人产生工作积极性的因素之一。而且，在不同情况下，同样数额的金钱报酬，对人的积极性的影响也是有大有小的。它可能意味着一个持续盈利的投资账户上余额数字的简单增加，也可能意味着一个家庭为了迎接二胎的到来扩建房子所必需的资金。对于后者而言，这笔钱要重要得多。

纽约顶尖的克拉维斯，斯文和穆尔律师事务所（Cravath，

Swaine & Moore）意识到了这一原则，制定了不同寻常的合伙人薪酬制度。纽约的高端企业法律服务竞争之激烈已经达到了"狗咬狗"的程度。同行中，大部分竞争对手在薪酬方面都明确了，会根据合伙人的业绩来支付报酬的制度。谁给律所争取的客户和订单多，谁就能得到更高的报酬。这种薪酬制度的逻辑很简单：如果每位合伙人都为了薪酬激励去多争取客户和订单，律所业绩自然会提高。

在克拉维斯，斯文和穆尔律师事务所，合伙人的薪酬是"一成不变"的。也就是说，合伙人的薪酬完全取决于其任期。所有干到第七年的合伙人薪酬都是一样的，不分谁的订单多，客户销售额高。为什么这家律所会完全不考虑销售业绩和结账的次数？这可是与律所业绩直接挂钩的两件事情。他们是疯了吗？并没有。克拉维斯认为，合伙人之间的合作水平才是向客户提供最好服务的关键，而反过来，服务又是维系老客户和赢得新客户的关键。知名律所加上轻松愉快的合作环境，才会吸引和留住最好的合伙人。他还认为，人们的幸福感和满足感植根于社会，我的也不例外。作为一个对社会有用的人，你的价值如果得到了社会的认可，就拥有了真的幸福。对于克拉维斯而言，工作积极性不是一维的，也不是线性的，其律所一直坚持这种稳定的管理模式，没有任何打算停止的迹象，而律所的生意也一直相当好。

人际关系无法完全量化

对企业的方方面面进行量化，包括特定体系中的成员关系，是一种不可阻挡的趋势。企业试图根据客户固定期限内的购买频率、每单利润和客户的预计成交次数等，对客户的终身价值进行量化。除了克拉维斯律所之外，其他律所都在按照每小时咨询费和给律所带来的收入来量化合伙人。

这种尝试无可厚非。在企业中，去量化那些可以简化为数字的内容，是很重要的。但如果你相信人际关系也能拿来量化，无疑是错误的。你能够量化自己对爱人、子女或父母的价值或感情程度吗？当然不可能。人际关系不仅和数量有关，还和质量有关。一个人可以去量化数字，比如，一个客户与我们合作了17年，但是对于质量是无法进行量化的，只能够体会。例如，在你的企业遇到难处时，这位客户是否能够拿出一定的灵活度与合作精神，是否能表现得像一个老朋友，而不是一个业务上的合作方。

不公平现象没有解药

从许多管理模式中可以看出，管理者认为，自己就算区别待人、厚此薄彼，也照样可以持续发展下去。医保就是一个例子。医保要求人们交纳保费时，让人们觉得医保在他们需要时会报销他们的医疗费用，可是当参保者申请报销时，却又出现了诸多限制导致无法报销，于是参保者只得作罢。银行对各种金融产品收取隐性费用，即便披露了相关条款，也用晦涩的文字让人无法读懂。做同样的工作，公司支付的报酬却不一样，女性和少数族裔收入低，但也只能接受。亿万富翁认为，即便自己支付的工资不足以让员工维持生活，也不会有任何问题。

对于这样的不公，人们都深恶痛绝。在一次著名的实验中，连卷尾猴也对这种不公平待遇表现出了同样的厌恶。研究员首先训练猴子们学会了一项简单任务，假如猴子能够将一块小石头拿给研究员，就可以得到一片黄瓜，这种美味已经足以让猴子们心甘情愿完成任务了。但卷尾猴最喜欢的食物是葡萄，黄瓜无法与之相提并论。在实验中，研究员将两只训练有素的猴子并排关在两个笼子中。第一只猴子完成任务后，得到了一片黄瓜，心满意足地吃着。第二只猴子完成了同样的任务，得到的却是一颗葡萄，而不是黄瓜片。此时，又轮到第一只猴子了。它迅速完成了任务，并且非常确信自己的奖励也将升级为葡萄。可当研究员给了它一片黄瓜时，它却愤怒地将黄瓜片扔了回来，每当研究员再给一次黄瓜片，它都会把黄瓜片扔出来，且越来越愤怒。

不公平现象没有解药，只会让人心生恨意。之前美味的黄瓜片，如今却变成了一记打脸的耳光。这种管理模式是不可能持续长久的。换在企业管理模式中，也是一样。在前文案例中，众多消费者和员工心中的恨意让政府监管部门开始考虑终止不公平的企业模式。但是，当消费者得知，只有政府法令才能减少或消除企业的不公时，他们就永远无法对企业心存感激。只有市民和政府齐心协力，才能推翻这种不公平的企业模式。要让市民做出根本性改变是很难的，可如果没有来自市民的压力，政府也不太可能采取措施，优先解决这个问题。

结论

采取非人性化管理模式，企业或许能运转一段时间，但注定会失败，因为人们会敏锐地感受到人性的缺失，最后只会适得其反。他们会转而寻找将人性作为管理核心的企业。在企业管理模式中，企业认为会将员工的积极性是多维且非线性的纳入考量吗？企业是否认为，人际关系除了可量化的方面，其质量也至关重要？企业是否能公平对待管理模式中的所有相关方？如果企业管理能够具备上述三个人性化特征，就有机会实现可持续发展。当然，这不是一个非黑即白的问题。任何管理模型都会包含一定程度的人性化因素，而这，正是参与者最为看重的。如果你是企业管理的参与者，这个企业管理模式整体的人性化程度能否提高你参与的积极性呢？如果是，果断加入。如果不是，你有责任通过努力，让它变得更为人性化，让你和其他人都愿意参与其中。

回到我开篇提到的那位朋友身上，他的职业生涯非常成功。他和世上所有其他人一样，在自己的岗位上兢兢业业地工作。然而，他却错过了摆脱专业岗位、成为企业领导者的唯一机会，而且错过得那么彻底。我相信，他手下的人也不愿意跟随他，在一家实行非人性化管理的企业中上班。虽然这只是一件小事，但是它启发了我，也提醒了我，非人性化管理模式是不可持续的。

第三部分

终极优势：改变一切的领导力革命

03

企业是全球利益代理人：
向善的力量

金·卡梅伦

近期，全球灾难频发，地震、洪水、龙卷风、山火接踵而至，加上各种网络攻击和道德滑坡的丑闻，给大多数人带来了有生之年前所未有的挑战。种族歧视、经济困厄还有无数生命的逝去，激发了集体良知，让人们开始关心这个世界究竟出了什么问题。由此引发的争论、愤怒和暴力事件变得屡见不鲜，对全球经济发展以及人们的情感和健康都造成了广泛影响，进而使人们的正常生活、人际关系、社会制度，甚至价值观都发生了改变。整个世界似乎都躁动不安。

于是乎，人们开始自然而然地去关注消极事件，将目光投向令人不适的问题和困扰，从而进一步陷入更深的黑暗和分裂之中。那么，在这种环境下，企业该如何去创造全球利益呢？如何才能让正能量盖过负能量呢？

笔者研究的课题则发现了在当前令人沮丧的经济下行趋势

中，企业的另一个选择。在对很多企业进行了长达十多年的广泛研究之后答案终于找到了。在应对危机的过程中，这些企业的规模越来越小，财务开支不断紧缩，不仅在灾难中惨遭重创，还面临着未来诸多的不确定性。在这些企业中，绝大多数都因为危机应对策略不当，经历过业绩的下滑、生产力下降、产品质量下降、士气下降、客户信任度下降、企业道德感下降以及客户和员工忠诚度下降。这些都是灾难对企业造成的连锁反应。

然而，也有一些企业从困境中挺了过来，发展得越来越好。通过研究了几个相关案例之后发现它们全都有一个共同特点，那就是有德。这些企业已经将同情、宽恕、尊严、善良、感恩、信任和目标崇高的企业文化，内化到制度与实践当中了。他们的管理者都是德行高尚之人，不惧眼前的困难，始终坚持以人类最高标准来规范自身言行，并通过努力，获得了非常好的结果。

这些发现促使笔者开始深入研究企业应该如何去战胜困难，为全世界创造价值。在困境之中，企业应该如何发挥领导力去应对无处不在的负面压力。在此后的二十年中，大量证据都表明，德行让这些企业的经济效益远超行业平均水平，不论是在盈利能力、生产力、产品质量、技术创新、客户忠诚度还是员工积极性方面，皆是如此。此外，企业的德行还对自然生态产生了积极意义。

要解释德行的含义，就要说明企业作为全球利益代理人的重要作用，我会先分析德行的概念及好处，再简单介绍一下德行给企业带来的积极影响。

关于企业德行的几个假设

尽管研究表明，企业的德行能对其绩效产生积极影响，但德行的真正意义并不在于将德行作为牟利手段。相反，德行的好处在于，它能够激发人类的高尚行为，展现人类的优点和本性，呈现生而为人的最好状态，体现人类的最高理想。这些都是德行的属性及好处。

在困难时期，当企业内部的各种力量都转向争论、分歧和内耗之时，德行与其说是实现更好结果的一种手段，不如说是企业的终极目的。德行的价值不仅仅是能够带来较好的结果，让人们重新重视德行，践行德行本身就是对自己的奖赏。比如，在一个德行随处可见的世界中，不会有贫困，不会有战争，每个人都可以接受良好教育，社会充满着公平正义，所有个体都能实现繁荣发展，如果不考虑其他最差的结果，整个世界都将因德行而受益。

在企业中，德行的内在价值可以用四个核心假设来加以解释，具体包括幸福假设、内生价值假设、增益假设和参照点假设。

幸福假设

德行是建立在人性本善的假设之上的。在人的语言能力尚未发育时，人固有的德行，或愿意当好人的本性就已经在大脑中形成了。关于人类大脑的研究表明，人追求德行、想做好人似乎是一种本能。有学者断言，在几个月大时，婴儿就已经体现出向善的基因倾向。观察和体验他人的德行，有助于人类释放这种向善的天性，通过自身行为创造共同利益。德行让人们能够生活在一起，追求集体目标，维护社会秩序不受破坏。德行追求的是终极幸福，而不是单纯的避免负面影响，或是强调其他物质成果的获得。人天生就愿意努力去达到最好的状态，换言之，就是做一个有德之人。

内在价值假设

为了追求德行而去做好事，是不能被定义为有德的。如果企业善待员工，只是为了向他人展现德行，获得回报，或形成某种优势（比如只有当员工更努力时才会善待他），那这不叫德行，叫操控。德行与社会进步息息相关。而这里谈到的德行，已经超越了单纯的利己主义范畴。德行所创造的社会价值，并不像某些靠德行牟利的伪善者以为的那么简单。除了获得个人或企业眼中的肯定、好处和优势之外，德行还会影响更多的人。德行，顾名思义，就是要让所有人都变得更好。如果这些行为不能让所有人受益，就不是真正的德行。

增益假设

这种假设是指德行创造并形成了可持续的正能量。德行能够自我升华和延续，无须任何外部动机加以支撑。因为德行作为人类的一种终极追求和本能品质，能够呈现自我升华的效果。也就是说，当人们感受到德行时，德行也实现了某种增益。

有证据表明，当我们看到有德之人，就会见贤思齐。怜悯产生感激，感激改善关系，见证善举会激发更多善举，发现德行会催生更多德行。有许多研究都支持了这一观点，认为人们看到模范或善举时，都会倾向于加以效仿。

因此，发现德行的存在会让人产生自我提高的意愿，不由自主地靠近那些模范。人们永远不会厌倦德行。与个人奖金或利益不同，德行是无穷无尽的。所以，再多德行都不嫌多，德行本身就会不断扩散。

固定参照点假设

众所周知，当前环境最大特征的就是变化与动荡。而不幸的是，当一切都在不断变化时，企业就无法做到有效应对。没有一个稳定而持久地参照点，企业的发展方向就变得充满不确定性。

以飞行员为例，如果没有一个固定参照点，就无法通过肉眼或仪表盘来导航。在小约翰·肯尼迪（John Kennedy Jr.）生前的最后一次飞行中，他于黄昏时分驾驶私人飞机从新英格兰海岸起飞。天黑之后，他看不清陆地，也看不清地平线。失去了固定参照点后，他也失去了方向。最终，他驾驶飞机坠入了大海。很有可能他都不知道自己是在往海里开。如果没有一个保持不变的参照物，他就无法判断飞机在朝哪个方向变换位置。

在没有稳定参照系的情况下，个人或企业都会迷失方向。当一切都不稳定时，就意味着不存在任何固定参照点、可靠原则或普遍接受的价值观，人们会倾向于去制定自己的规则。他们会根据经验、短期回报、政治权衡、民意测验、个人奖励等标准，自己去判断什么是真，什么是对的。

不幸的是，道德标准和德行并不是一回事。道德标准会随着时间和具体情况而发生变化，因为它是建立在社会框架之上的。因此，道德准则不足以在任何时候成为固定参照点，它无法在不同的环境中充当一种恒定而普遍的标准。回顾从前还有种族隔离政策的美国公立学校，可见从20世纪60年代至今，美国公立学校的道德准则已经发生了明显改变。在金融交易、会计准则、环保政策、可持续性发展、婚丧嫁娶、言论自由等方面，相关道德准则也同样在发生变化。

反过来，德行就可以充当一个固定参照点，因为德行代表了善良和高尚，是所有人都渴望达到的最佳状态。不论在任何社会、文化、宗教和时代中，这些普遍存在的美好愿望都是不变的。除了德行，很难在万千变化中找到其他不变的固定参照点。因此，德行有助于企业和社会有效应对动荡的时局和多变的外部环境。德行就是企业做出决策和采取行动的不变标准。

企业美德与全球利益

大量实验证据表明，以美德著称的企业能够让全球受益。在所有美德中，诚实、自我超越、关怀他人、利他主义、感恩、希望、同理心、爱、宽恕等，都有助于我们对预期结果作出判断，判断每个人的投入程度、满意度、积极性、正面情绪、努力付出、身体健康和心理健康等。与美德相伴，有助于每个人实现自我发展。

例如，感恩和谦虚有助于我们加深对敏感信息的认知，保持连贯有序的心率，提高毛细血管与组织之间的液体交换、过滤和吸收效率，改善健康，延长寿命，加强认知灵活性和创造性。以上结论都有详细研究支撑。当我们体验到这些美德时，心率变化幅度最大，有助于锻炼人体对心率变化的承受力。一项关于B期心力衰竭[①]病人的研究发现，其中一半坚持每天写感恩日记的参

---

① B期心力衰竭指心力衰竭的一个阶段。目前临床实验不根据阶段分期来入选患者，大多数治疗策略也不根据心衰阶段来指导。——编者注

与者的静息心率在三个月后变得更加健康了，而且与病情恶化有关的生物指标也明显下降了。

慷慨和同情等美德能让每个人受益。在一项实验中，研究人员每周给患有高血压的老年患者发放40美元，持续三周，并要求其中半数参与者将钱花在自己身上，另外一半参与者则须将钱花在别人身上，比如购买礼品或捐给慈善组织等。两年之后，给他人花钱的那部分患者的高血压有了明显下降，慷慨行为带来好转的效果足以与抗高血压药物或体育锻炼的疗效媲美。在另一项针对老年人的实验中，为人慷慨的老人的死亡风险，较其他老人大幅下降47%。针对刚刚经历丧偶的寡妇，也有相关研究。其结果表明，为他人提供过实质帮助的寡妇，在丧偶六个月之后普遍都走出了抑郁；而只接受他人帮助、却从不帮助他人的寡妇，大部分还沉浸在持续的痛苦之中。"接受帮助"与走出抑郁并无关联，而"给予帮助"却与之显著相关。

同样地，当企业德行高尚时，也会受到显著影响。例如，有学者对企业德行和绩效指标进行过一系列研究，样本范围涵盖零售、汽车、咨询、医疗、制造、金融服务、非营利组织等16个行业。所有研究对象全都刚刚经历过裁员，而裁员带给企业的负面影响是可想而知的。它们当中，大多数进行裁员和紧缩开支的企业都经历了动荡和不稳定阶段，也都出现了业绩滑坡。不论是生产率、产品质量、员工士气、客户信任和满意度，全都大不如前。

在这些研究中，企业的德行分数，是在对企业的各项德行指标综合评估之后得出的。这些指标包括：同情、正直、宽恕、信任、乐观等。德行分数较高的企业，在生产率、产品质量、客户维系、员工流失率等方面，都要优于低分企业。在剔除企业规模、行业特点和裁员数量等因素之后，德行分数较高的企业与竞争对手以及行业平均水平相比，企业利润也明显更高，与自身的既定目标和以往表现相比，也有较大提升。

2001年"9·11"事件发生之后，美国航空业进行了一项不寻常的调查。这次调查研究所关注的是航空公司在实施裁员时的德行分数与其财务业绩之间的关系。这里的德行是指企业对员工的尊重程度、人力资本投入情况、工作环境舒适度、是否将员工福祉明确为企业首要目标等。

研究结果表明，在剔除了行业工会、燃油套期保值和融资准备金等因素之后，企业裁员的德行分数与财务业绩（按股价收益衡量）之比，在裁员12个月后为$p = .86$，在裁员后五年为$p = .79$，因而显示出极高相关性。德行分数最高的企业，获得了业内最高的财务业绩。而在裁员后的五年中，企业德行与财务业绩之间，也呈显著正相关。

还有研究以因果关系为切入点，重点论证的是企业德行对绩效提高的促进影响，而非业绩对德行的影响。研究分别对40家金融机构和30家医疗机构展开了调查，历时数年，观察当企业德行分数上升或下降时，对企业绩效影响的相应变化。

此研究中，德行有六个衡量维度：一是彼此关怀（人们像朋友一样关心彼此，相互吸引，为对方负责）；二是共情能力（当他人陷入困境时，人们出于爱心和共情而相互扶持）；三是宽恕他人（避免相互责备，原谅他人错误）；四是相互启发（在工作中相互给予灵感）；五是追求意义（重视工作的意义，通过工作实现自我提升）；六是尊重、诚信和感恩（相互尊重，相互欣赏，相互信任，坦诚相待）。

在研究之初，金融机构就率先开始行动，将德行系统地引入企业的制度和文化之中。绩效结果的考量项目包括员工流失情况、工作氛围和六项财务指标，全部从公司报表数据中抽取。一年之后，与德行分数较低的企业相比，高分企业依然在财务绩效、员工流失和整体工作氛围等各方面保持领先。那些在两年内重视提高德行分数的企业，也在随后的几年中比低分企业进步更大。

研究结果中颇具讽刺意味的一点是，德行的价值并不是用看得见的实质回报来衡量的。如果可以用实质回报衡量的话，德行的底线价值就体现不出来了。然而，企业对德行的关注，往往是迫于提高财务绩效和企业价值的压力。如果无法提高股东回报、盈利能力、生产效率和客户满意度的话，几乎不会有企业领导者愿意在德行方面加大投入。没有看不见的回报，掌握企业资源的人往往就会忽略德行，认为它与利益相关方无关，只是一种感性、天真甚至盲目自信的观点。于是乎，德行的底线价值也会被企业给忽略。

结论

当我们考虑企业该如何更好地造福世界时，先提高企业的德行或许是条上策。德行代表了人类渴望达到的最佳状态，而企业的德行，就是全世界公认的"什么是对，什么是好"。

此外，德行能够带来企业想要的最好结果，令所有人都从中受益，而不是让少数人受益，让多数人吃亏。有证据表明，当企业具有德行时，会激发员工更多的正面情绪，提高其参与度和满意度，让员工更能体会到工作的意义。此外，当企业的德行越来越好、影响越来越广时，即便在动荡不安、前途未卜、充满挑战的时代，企业也能在盈利能力、生产水平、产品质量、创新进展、客户忠诚度、员工流失情况方面更上一层楼。企业追求德行的目的是幸福，是为全人类实现终极幸福。而反过来，幸福又提高了所有人的工作能力，这就是人们如何从企业的德行中受益。

十四 爱：企业和社会的核心领导价值与组织原则

米歇尔·亨特

爱的愿景

请允许我邀请你们开始一次梦幻之旅。试想一下，如果现在已经是2030年，我们生活在一个充满爱的世界中：爱是宇宙中最强大、最有生命力的力量，是企业和社会的核心价值和组织原则，是企业获得成功的基本能力，是企业领导者珍视且坚持的行为准则：

设想一下，有这样一个世界，其中企业、政府、机构和社会的领导者不仅具备远见卓识，而且一致认为他们有责任同心协力，将世界变得更美好。通过与众多不同类型的利益相关者通力合作，领导者们发挥了集体智慧，整合了企业和政府的创新资源，解决了我们这个时代看似无法解决的挑战。这些高瞻远瞩的领导者正在改变人类的发展轨迹。气候变暖、全球健康、性别歧

视、贫富差距加剧、政治冲突，这些曾经对人类生存构成威胁的
一系列问题，全部都和原来不一样了。

不论贫穷或富有，每个人都能被欣赏，都能发挥自己独特的
天赋，在追求自身梦想的同时，为世界创造更多共同利益。在企
业和机构中，有一半的领导是女性，男性和女性的观点与力量相
得益彰，一种"实现潜力"的文化应运而生。年轻人的想法和经
验得到了重视、尊重和欢迎，被当作"进化的终点"，承载着文
明的基因和最先进的智识。领导者不再将自己的职位与精英式的
地位挂钩，而是把自己当成人类、社会和地球实现健康福祉的
公仆。

具备先见之明的领导者正在跨越部门和国家的界线，动员更
多的人，共同为文明的进化贡献自己的才华、创意和天赋。所有
人、社区、企业和国家都在共同创造一个新世界，珍爱我们的地
球家园，将和平视为常态，让所有的人和我们的地球都有机会实
现繁荣发展。

如果你认为，这是一场乌托邦式的美梦，是理想主义的盲目
乐观，那么，请你三思。爱的愿景，或许是我们改变人类发展轨
迹的唯一途径。各种生死攸关的危机如海啸般席卷全球，威胁着
每个人的健康与福祉，彻底摧毁了我们对现实的理解。人们开始
提一些关键问题：生活中什么最重要？我想怎样生活？我们希望
自己和子孙后代在什么样的世界中生活？当我们经历了此起彼伏

的危机之后，大多数人都会情不自禁地觉得，自己的情绪、身体和精神都受到了严重影响。爱的愿景，或许是我们治愈创伤、发现通向繁荣之路的唯一希望。

人们也开始明白，以金钱和权力为中心的老套情节本身就存在着致命缺陷。历史一再证明了这样的故事根本站不住脚，也根本不可能持续。人们被不可避免地分为两大类：不足的和有余的。不足者存在的意义，就是"损不足以奉有余"。而当今的法制和社会结构，也恰恰是为维持有余者现有生活方式而设计的。有余者掌握着对所有人和动植物的统治权，以及对所有地球资源的所有权。于是乎，死亡政治学（necropolitics）出现了。富足的精英们掌控着穷人和被剥夺者的命运，限制着他们获得资本、优质教育、工资、住房和医疗服务的机会。这种社会经济结构导致了人们的痛苦、恐惧和仇恨，破坏了地球生态，摧毁了万千生灵，令人类精神蒙尘。在此背景之下，饱受压迫的人们只能通过反抗，推翻权力阶层，并在接管权力后，重蹈前人的覆辙，重复相同的悲剧循环。自文明开始之时，我们就一直生活在乔治·奥威尔（George Orwell）笔下的"动物庄园"之中。错误的信仰体系将人类生活、学习和生存的方式划分成两种极端：成功者和失败者，前者高人一等，后者低人一等，前者思想富足，后者思想匮乏。这种划分给人类带来了深刻的痛苦、折磨和毁灭。我们必须改变心态和思想，从根本上转变意识。

好消息

好消息是，全世界正在经历一场大范围的意识觉醒。人们正在清醒，明白人与人之间不能再相互孤立，人类不能与我们赖以生存的地球隔绝开来。人类正在理解，所有生命和大自然都是不可分割的，两者彼此关联，相互依存，你中有我，我中有你，都是整个生命体系中的一部分，从根本上相互需要。这种意识的转变正在世界各地发生，随之而来的就是声势浩大的人民运动。年轻人在不断动员、抗议，要求全球领导人采取积极行动，应对气候危机。各个国家、各个城市、各行各业的人们全都站了出来，他们之间相互理解，求同存异，团结一心，形成了强大的纽带。

与此同时，我们还在经历"良知消费"（conscious consumerism）①的崛起。人们开始利用个人和集体的购买力，支持那些为治理社会、经济和环境等问题带来积极影响的企业。人们选择向这些企业购买安全、健康的产品和服务。人们意识到了自己有能力通过消费行为来敦促企业给员工提供公平的待遇和尊重。良知消费者认为，自己不仅有责任对个人健康负责，还必须为地球的健康负责。他们对越来越关注所购买产品的成分，有意识地

---

① 良知消费：又名可持续消费主义，指只购买符合道德良知的商品。一般而言，指没有伤害或剥削人类、动物或自然环境的商品。

转向消费植物性饮食。良知消费者聚少成多，进而形成了良知消费社区，并利用集体的力量，影响入驻社区的各类型企业。

更好的消息是，他们的心声被所有行业和全世界都听到了。越来越多的企业领导者开始打造全新的经营模式，改变过去的经营套路。他们正从以利润为目标、为股东赚钱的单一化经营，转向更具包容性的经营模式，让更多利益相关者从中受益。他们不止于谈论或提倡解决这些社会、经济、性别和生态挑战，而是采取实际行动果断应对。越来越多有良知的领导者和投资者正在觉醒，他们从现状中走出来、站起来，挑战关于企业和社会关系的过时认知，可谓是勇气可嘉。他们不断加深对人、企业、社会和地球之间相互依存的深层次关系的理解，不断明确企业也应担负起创建更美好世界的共同责任。这些有良知的领导者正在动员更多人，参与到企业向善运动中来，燎原之势已成，不可阻挡。

他们的使命、愿景和价值观，正在改变着企业、社会和地球之间的关系。公益企业已发展成为一个全球社区：共益企业，这个组织有来自74个国家和地区、150个行业的3900多家良知企业，正在飞速快速成长。这些企业拥有同一个目标，那就是将企业作为一股向善的力量。诸如美国冰激凌品牌本和杰瑞（Ben & Jerry's）、女装品牌艾琳·费雪（Eileen Fisher）、户外品牌巴塔哥尼亚（Patagonia）、加德工程（Cascade Engineering）、新比利时酿酒公司（New Belgium Brewing Co.）、达能集团、联合银行等企业，全都加入了这一运动。

正如其官网所写："共益企业社区致力于减少社会不平等现象，降低全球贫困水平，建设更健康的生态环境和更强大的社区，创造更多有尊严、有担当的高质量就业机会"。

我们也看到了，受其影响的有良知的投资者越来越多。这些投资者正在探索"将利润与社会责任相结合"的方法。他们相信美好世界的潜力，所有人都能共享和平与繁荣，都能得到人性化对待，市场中"看得见"和"看不见的手"，都在为我们指引着通向未来的康庄大道。

这些领导者们勇往直前，开拓了一片未知的疆土。他们齐心协力，大胆探索着全新的工作生活方式，勇敢超越人性中的恐惧、仇恨、优越感和支配欲，依靠包容合作和依赖信任携手前行。他们邀请所有持有不同新观点的人共同商讨决策。他们明白，在我们共同联手探索和创造更美好未来时，女性、有色人种和年轻人都将提供丰富而不同的视角和新的经验。共益企业的总裁哈拉·托马斯多蒂尔在2021年2月的工作简报中提到：

我们在推行变革时遇到的最大障碍，就是领导过程中的从众心理。如果能改变领导变革的人，就能改变我们要解决的问题，以及我们解决问题的方式。为了解决这个棘手问题，是时候团结所有的人，共同构建一个极具包容性的经济体系了。

故事的力量

我很相信故事的力量。讲故事有助于我们理解一些观点和概念，以强有力的方式总结前人的经验教训。有一个揭示人类冲突和战争起源的寓言，据说来自美洲原住民印第安人。它讲述了大洪水幸存者的故事。这些幸存者原本是一个充满爱的集体，共同制订了重振文明的计划。他们决定兵分四路，向四个不同的方向探索重建之路，再将各自的发现带回来，共同造福整个世界。于是，四组幸存者分别朝着东南西北四个方向出发了。向北的小组学会了高效的组织分析能力和沉着冷静的态度，正是这些能力和态度，帮助他们适应了寒冷且资源匮乏的北方环境；向东的小组遇到了奇异的地貌，那边有连绵群山和茫茫大漠，让他们学会了顺应自然依自然规律而行动；向西的小组遇到了无边无际的大海，他们学会了勇气、坚持和独立，让他们得以在看不到彼岸时，依然坚持穿越充满未知的海洋；向南的一组学会了庆典、舞蹈、音乐等艺术形式，因为他们来到了一片资源富饶、风景美丽、气候温暖的乐土。

他们的所有发现、观点和能力都是礼物，假如他们再次重聚，团结一心，必定能够让所有人都受益。只可惜，事与愿违。随着时间的推移，每个小组都忘记了自己的使命是探索各自的方向后，再将自己的发现与其他人分享，进而创造更大的共同利益。他们开始各自形成自己独立的文化和社会规范。很快，这些规范转变为信仰，信仰又转变为真理。他们开始对别的小组进行评判，接着心生恐惧，恐惧转化为仇恨，仇恨又使他们分道扬镳。最终，他们开始冒险闯进别人的领地，为了各自的真理而相互斗争、厮杀。每一组都认为自己笃信的才是真理。爱消失了，初心丢了，取而代之的是偏见、恐惧、仇恨、冲突和战争，久而久之，就演变成了我们今时今日的生活方式。

爱的力量

我坚信，爱的力量可以改变人、企业和社会之间关系，可以解决我一路走来遇到的任何复杂问题。

大学毕业之后，笔者来到了密歇根州惩教部工作，在一所成年男性监狱中担任副典狱长，是首名女性副典狱长，并在此工作了两年多。笔者用爱心、投入与协作精神，创建了以犯人为本的改过自新项目。犯人们与团队中的老师、辅导员、活动主管共同合作，参与和自身利益紧密相关的项目设计，甚至连医护和社区工作者都加入到我们的行列中来。这些犯人的价值得到了认可，他们全都为有幸参与到这个项目中而感到兴奋和自豪，也成了该项目的共同主人。这些犯人处境艰难，忍受了难以言喻的暴力和虐待，可即便身在狱中，我依然见证了他们的"盛开和绽放"。

后来，笔者去了《财富》世界500强企业赫曼米勒家具公司工作。笔者最后一次面试，恰好在赫曼米勒家具公司的一家工厂里，看到休息区摆放着鲜花，人们微笑着相互挥手致意。公司总裁马克思·德·普里（Max De Pree）在感恩节前一天的讲话中，鼓励员工们相亲相爱。这正合我意。于是，笔者选择了加入赫曼米勒家具公司，因为在那里，人与人之间的爱和关怀是溢于言表的。最终，笔者有幸获得了为普里工作的机会，在公司的高管团队中担任分管人力工作的副总裁。实际上，当笔者加入管理团队时，公司经营正处于困难时期。普里领导了公司的整体改革，我们称之为"复兴计划"。我们让从库管到领导团队的每个人都参与进来，共同畅谈大胆的愿景和价值观。接着，大家又分头投入到自己的工作当中，通过跨部门、跨国的团队协作，为共同的愿景和价值观献言献策。一年半后，赫曼米勒家具公司就恢复了迅猛发展的势头。我们被《财富》杂志评选为"最受赞赏的公司"。能上这个榜单的企业，都是美国公认的最佳雇主。我们还被评为美国"最适合女性和职场妈妈的公司"和"对环境最负责"的公司，并被贝塔斯曼基金会评为"全球最佳管理公司"。当时，我们公司已经恢复了两位数的增长。最重要的是，公司所有人都为大家共同创造的成绩而感到喜悦和自豪。这就是爱的力量。

多年来，我们目睹了爱如何在僵化而复杂的工作环境中给人带来变革性影响的。

结论

在危急时刻，我们都曾被爱感动。在遭受自然灾害时，陌生人们往往会聚到一起，也会展现出难能可贵的爱、勇气和同情心。这是一种强大的自然反应，我们不用人教就知道如何去表达关爱。什么样的强大羁绊，能够让人类在危急关头共克时艰，让复杂的生态系统和广袤的太阳系彼此相连呢？它就是许多科学家、哲学家和普通人口中的爱。新的科学研究进展告诉我们，一切事物都是能量。我们被能量包围，其中就包括看不见的生命力，当人与人相互表达关爱时，我们就能用新的眼光看待彼此，看待我们的世界和大自然。爱是人类最大的希望，能够修复破碎的信任，消除不平等，平息所有灾难。爱可以温暖人心、解放思想、救赎灵魂。

人类花了数千年时间，学着割裂自己与赖以生存的地球的关系。但直到现在，我们才开始明白，人类和地球其实是紧密相连、相互依存的，是宇宙中的一个整体。我们也越来越清楚，面对你我共同的问题，我们的出路就是你们的出路。最近，笔者和好朋友彼得·圣吉（Peter Senge）聊天时，他说出了一句真理："不论起点在哪儿，你的终点都和所有人息息相关。"

认真地去看一看我们今天的社会，你就会发现，我们所继承的、接受的、拼尽全力去依附的这个世界，其实荒唐得要命。我们都住在"人造建筑"中。在很大程度上，这些"建筑"并不是给活人住的，也不是让人类与自然和谐共处的，而是用来割裂、操控、限制、降低大多数人与地球的关系，从而为少数人牟利的。

我们正在经历的意识转变，在我看来，是人类良知觉醒的曙光。我们有机会将爱作为我们的核心价值观，作为企业和社会生生不息的组织原则，用爱来构建一个更加美好的世界，而不是一个乌托邦式的美梦。对于人类的生存而言，这是必不可少的。爱是最有用、最高效、最强大的能量，能够释放人类的无限创造力，共同建设一个美好的星球，让所有人不仅能够生存，还能在追求发展的同时与大自然和谐共生。这是属于我们的时代，我们有权力、有责任为了这个美好愿景共同奋斗。

《纽约时报》曾经发表过一篇题为《爱因斯坦的论文：旷世全才》的文章，其中引用了爱因斯坦对人类与自然关系的一段描述：

> 人是整体当中的一部分。这个整体我们称之为"宇宙"，而人是其中受到时空限制的一部分。从个人感受出发，一个人会觉得自己、自己的思想和感情都是与其他事物分开的，这是人的意识产生的一种错觉。这种错觉对于我们而言就像牢笼，将我们局限在自己的欲望和对亲近之人的情感当中。我们的当务之急，是将自己从这牢笼中解放出来，去拥抱所有的生灵和美丽的大自然。

意识的作用：让企业加速成为全球利益代理人

克里斯·拉兹洛、伊格纳西奥·帕维斯

　　我们之所以要探寻新的企业管理理论，是因为今天，在企业的社会责任与社会繁荣的需求之间，存在着严重的不匹配。企业存在的理由早已不再是在减少生态足迹、降低社会危害的同时，追求利润最大化了。这种20世纪下半叶的主流企业责任观如今已经过时。在它的指引之下，企业的许多行为让社会和环境问题加剧恶化，且其中大部分问题都被列进了联合国17项可持续发展目标之中。时代的呼唤早已不再是为了满足人们的物质消费需求而建设更多工厂、生产更多商品，而不顾这些生产活动对社会造成何种危害。时代呼唤的是"积极影响公司"（PIC，positive impact company）这样可以为今天的我们和子孙后代创造繁荣未来的全新企业形式。积极影响公司，就是企业作为全球利益代理人的样本。

　　当一家企业表示它要"减少危害"或实现碳排放量减半时，其实就已经变相承认了自身带来的负面影响仍在增加，只是增加的程度有所减轻。公元前5世纪，希腊名医希波克拉底曾写道："行医须牢记两点，但求有功，不求无过。"这也成了现代西医的誓词，今天的医学生们依然将其铭记于心。试想一下，如果医生的目标只是为了减少治疗对病人造成的伤害，岂非荒唐！

现在，企业界也开始关注"减少伤害"与"产生积极影响"之间的本质区别。从某种程度上讲，这要归功于学者约翰·埃伦菲尔德（John Ehrenfeld）等许多思想先锋的开创性工作，他们的许多成果在本书中也有提及。而在实践中，从"减少伤害"到"产生积极影响"的转变，依然是众多企业领导者及其机构所面临的巨大挑战。它需要企业进行深层变革，甚至需要改变企业的目标和风气，从关注股东利益，转为关注利益相关方的共同利益，进而对全世界产生积极影响。

让我们先从定义开始。股东利益是指，企业将股东利益置于首位，将为股东创造利润作为自己的唯一追求。共同利益，又称混合利益或可持续利益，是指迈克尔·波特近来提出的企业应该"打开格局"，将为股东和利益相关方创造共同利益作为自己的追求，而不是顾此失彼。积极影响价值是指一种经济组织的形式，旨在为经济、社会和环境带来积极影响，促进经济繁荣，恢复可再生自然环境，提高人类福祉。

根据我们的相关研究，对于个人和企业而言，将企业目标从追求股东利益转向追求利益相关方的共同利益，要比从追求利益相关方的共同利益转向追求积极影响更加容易一些。这是因为，只有当企业高管的思维实现了飞跃，才有可能领导企业去追求积极影响，进而实现终极转型。这种新思维的核心特征在于，对人、社会和自然环境的相互依存关系的透彻理解；与股东利益和共享利益的普通经营观点不同，这种新观点从根本上摒弃了前者的思维局限、机械思维和功利心态。在企业向积极影响公司转型的成功案例中，丹麦最大能源公司沃旭能源（Ørsted）是《哈佛商业评论》评选的"21世纪10年代企业转型20强"之一，也是《企业骑士》杂志评选的"2020年全球可持续发展百强企业"第一名。这意味着，这家企业已经从根本上改变了其思维和经营模式。从2006年起，沃旭能源公司就成功地将业务重心从丹麦的化石燃料生产，转变为"创建绿色能源世界"。作为企业向善的领军者，沃旭能源公司充分体现了一家积极影响公司背后的管理思维，将促进全球繁荣作为公司存在的理由。

在本章中，我们将探索企业高管的思维意识在推动企业成为全球利益代理人中的作用，并深入研究积极影响公司的管理心态。首先，让我们先来讨论一下这种意识的意义。

什么是意识？

最近，人们就意识的本质展开了激烈辩论。以美国哲学家丹尼尔·丹尼特（Daniel Dennett）为代表的物理派认为，意识是大脑神经元活动的产物。而以澳大利亚认知科学家戴维·查尔莫斯（David Chalmers）为代表的反对派则认为，意识是所有生命的基本属性，不能简单概括为一种物理现象。这些争论反映出了截然不同的科学研究方法，分别代表着过去300年间，以牛顿、笛卡尔、拉普拉斯、达尔文和杰文斯的研究结果为代表的传统科学范式，以及量子物理、量子生物学、表观遗传学、神经生物学和意识研究等新兴科学范式。

关于意识的争论不仅是关于心理现象的物理学或神经生物学之争，也关于人们超越自我的能力。它代表着我们每个人心中，对于人类和世界本质的深刻假设。表15.1总结了当今关于意识的主流观点，以及以量子科学和多种精神学科观点为基础的新兴意识范式。

意识是企业转型杠杆的最高点

从科学革命的视角看，我们就能发现，意识的转变说明我们内心中深信不疑的关于现实本质的假设遭到了破坏，这些本体论对我们的思维和行为都产生了巨大的、潜移默化的影响。在系统学家德内拉·梅多斯（Donella Meadows）被广泛引用的相关文章中我们得知，改变我们对世界运转方式的深刻假设，是系统转型杠杆的最高点。关于杠杆最高点的作用，她是这样解释的：

> 人们关于社会的共同想法，都是没有说出来的深刻假设。之所以不说出来，是因为人人都知道的事情没有必要讲出来。但正是这些想法构成了社会的范式，成了人们心中关于世界如何运转的最深信念。例如，发展是好事；为了实现人的想法，大自然是可以拿来利用的资源储备；人类进化随着智人的出现而停止；土地可以供人"所有"。这些只不过是我们的文化中的几个经典假设，每一个都有可能让其他文化感到惊讶，因为他们并不认为这些假设中的观点都是理所当然的。

表15.1 传统意识论 vs 新兴意识论

传统意识论	新兴意识论
人类从本质上是一个个分离而自私的个体。人与人之间存在联系，每个人都在追求自己的物质财富的最大化	人类是精神世界丰富的生命，生活在一个充满意义的世界里
人类处于基因突变随时发生的生存竞争之中，在"适者生存"的驱使之下，我们会相互争夺稀缺资源	我们通过能量场的振动彼此相连

续表

传统意识论	新兴意识论
人类出生在一个冰冷、机械、像钟摆一样的宇宙中，受重力、电磁力等物理定律的作用，其运动规律可以预测，但并不存在什么意义或精神内涵	人、企业和地球是相互联系的生命体系
企业的唯一目的就是实现利润最大化	做人就是要有爱心和同情心
自然是供人类消耗的资源	人类组织（包括企业）的目的是追求幸福、繁荣和兴旺
	人类活动（包括企业）是生态系统不可分割的一部分

　　要理解何为意识，意识如何成为企业转型杠杆的最高点，我们需要借助神经科学、心理和组织行为学、物理学这三大学科的最新研究成果。首先，我们将讨论诺贝尔生理学或医学奖获得者罗杰·斯佩里（Roger Sperry）的发现，即意识不能被简化为神经关联。其次，我们将在马丁·塞利格曼（Martin Seligman）和戴维·库佩德的研究基础上，对个人和集体发展进行展望。这种展望作为一种认知形式，能够预见新的现实。最后，我们将采用量子科学关于本体论和认识论的革命性假设，将意识当作我们的生存世界的一种基本属性。总体而言，这三项开创性研究提供了一个强大的概念基础，有助于我们去理解意识在推动企业加速成为全球利益代理人中的作用。

罗杰·斯佩里关于身心互动中"自上而下"因果关系的宏观决定论

谈到意识的现代进化，首先，就要提到实证科学中"自下而上"的因果关系，也就是通过局部行为来解释整体行为的微观决定论。在经典物理学的动力学模型中，作用在粒子表面或粒子内部的力的矢量和，决定了粒子的唯一轨迹。根据这一观点，我们知道了"一种物理作用之后，接踵而至的是另一种物理作用。"也就是说，诸如感知和认知等精神活动，是受神经元的生理化学力作用，自下而上实现控制的。而在神经科学中，这导致了令人困惑的结论，"作为神经生理学家，我们对意识无法施加任何作用。"在社会科学中，行为主义学派和心理学有一个共同前提，那就是，行为与过去形成的动力和习惯之间，是存在微观确定性的。其中最著名的例子，就是基于刺激和反应的巴甫洛夫条件反射，以及弗洛伊德的尝试，即通过未治愈的远端创伤（且大部分都是无意识的）来解释当前的行为逻辑。

罗杰·斯佩里因为提出了"自上而下"的因果关系，广受赞誉。不同于"自下而上"的微观决定论，斯佩里认为，感知、认知、推理等精神活动属于大脑的高层次活动，它决定了人类系统现在是什么样，将来会成为什么样。这种观点也叫宏观决定论，它赋予了意识和主观心理现象全新的科学地位。它将人类的认知置于化学作用和生理神经元活动之上。在推广"自上而下"的因果关系时，斯佩里谨慎批判了二元论的观点，他的论文标题就是《精神论：不是二元论》。而他所提出的，其实是一种新式一元论。他认为还原论者所谓的"自下而上"与不可简化的"自下而下"的决定过程，其实是存在区别的，也是不可分割的。

斯佩里还总结道，宇宙意识以及存在于大脑之外的意识，其实是不必要的概念。这一点对于我们的讨论至关重要。将意识解释为大脑中向上性和向下性的因果关系总和，且不可再分，就已足够了。在这一前提下，最新的神经科学研究表明，大脑中存在与意识相关的特定部分，并且具备整合信息的能力，能够将人与经验（例如视觉、听觉、痛感等）联系起来，让我们能够区分自己的内部和外部世界。这些研究还认为，某些神经学条件（与意识相关的命名神经元）决定了一个系统能够在何种程度上具备或不具备意识，这些意识总是局限于该系统的边界之内（比如一个人或一个动物），而且在特定系统中，可用的意识的数量和质量是一定的。从这一观点延伸即可得出一个推论：人造意识也不是不可能的。

马丁·塞利格曼的前瞻心理学与戴维·库佩德的欣赏式探询

马丁·塞利格曼在罗杰·斯佩里意识研究的基础之上，开创了心理学的前瞻理论。前瞻是指人对未来可能性的心理呈现及评估。塞利格曼认为，这种前瞻能力从根本上塑造了人类的认知、情感和动机。通常，社会科学的关注点在于，过去如何决定现在和未来，而前瞻理论则刚好相反，它试图将人对未来的展望，作为研究人类行为的核心。对未来的更好展望是意识的一个主要功能。塞利格曼补充道："在过去的研究框架之下，人类行为被视作受过去经验所驱使，但从更广泛的学科研究看，有越来越多的证据表明，这种研究框架需要转变，对未来的展望，才是人类与动物行为的组织原则核心。"

在斯佩里向下性意识研究的基础之上，塞利格曼的前瞻心理学将强调过去（即"事情出错时发生了什么"）的研究框架转变为研究正向偏差实例（即"如何让事情进展顺利"）。在20世纪的大部分时间里，学术界的心理学家都在研究精神疾病，医生都在研究身体疾病。直到最近，这两个研究领域才成为人类福祉和繁荣发展的关注焦点。与此同时，人类行为学研究也提供了令人信服的证据，证明了当变革建立在优势而非劣势之上，且当人们对未来展望较为乐观时，人们变革的意愿会更强，变革的时间也会更加持久。

当塞利格曼将前瞻心理学用于分析个人行为时，戴维·库佩德也发展出了一套针对企业行为及整体系统行为的前瞻理论及实践。他提出了三个基本观点。第一，组织是肯定式思维的产物。

第二，反复受到困难或问题的困扰时，企业最需要的不是修正或解决问题，而是多加肯定。第三，在后官僚时代，初级管理工作的职责是培植欣赏的沃土，在此基础上，才能在共有的动态基础上培养出更新、更好的榜样形象。

库佩德观察到，在企业当中，现实会受到我们预期的形象、价值、计划、意图和信念等因素的制约，会经过一定调整进行重建。他认为前瞻理论是"能产出成果的。其作用是挑战对现状的陈旧假设，打开新世界的大门，提供更多美好生活的可能性。而老一代人对子孙后代的关怀，也在推动前瞻理论不断发展。"

塞利格曼和库佩德的前瞻理论肯定了"另外的认知方法"，为量子科学的认识论铺平了道路。"前瞻性指引包括了自发的认知和情感活动，例如直觉、回忆、走神、精神入侵、创作灵感、不安、惊喜和满足等。"库佩德指出，欣赏式探询是一个"理解的过程，帮助人们理解那些在生命系统中创造生命的因素，阐明那些让未来变得更加美好的可能性"，他将其形容为人类在该生命系统最具活力时，"与之共生、共存和直接参与的一种方式"。

量子科学本体论

物理学家关于意识的看法，遭到了量子物理学家戴维·玻姆

（David Bohm）、脑神经科学家卡尔·普里布拉姆（Karl Pribram）、认知科学家戴维·查默斯（David Chalmers）等人的质疑。他们自20世纪80年代开始，再次提出了早先的意识"传输理论"。该理论认为，意识存在于大脑之外的某个领域，它是所有生命的基本属性，不可简单概括为物理现象。在此前提之下，这些学者又提出了其他问题：当我们感觉自己与他人紧紧相连时，是否反映了"我们之间确实通过能量和信息彼此相连"的潜在现实呢？假如我们可以通过对生活施加有益影响来体会到完整的现实及其相互关联，又会怎样呢？这些问题汇集了几千年来的精神传统和人类智慧，而量子科学正在揭示这些问题的谜底。

与经典科学的二元论形成鲜明对比的是，量子科学告诉我们，人类之间的相互联系，不只停留在隐喻层面，也不只是自我感觉在情感上与某人亲近或与自然和谐，而是通过能量场的震动，实实在在地联系着。这些能量场的存在是潜在的，生理和心理的感受过程是相互依存、同时出现的。也就是说，如果离开人类的观察，其实世界并不存在。人类生活在宇宙里，万物参与其中。宇宙的外在表现正是因我们的观察而存在。而意识也是宇宙当中的一个场。意识的显性内容，包括我们所熟悉的时空顺序、因果关系等，而其隐性内容只能凭直觉感知，包括量子场不可分割的整体性和动态一致性，也就是和谐性。当我们通过正念冥想等直觉练习，去体验宇宙的整体性和一致性时，我们会意识到，整体性和互联性都是现实的本质属性。

企业转型的认识论

即便我们理解了意识在企业转型中的作用，如何跨越从追求利益相关方的共同利益到追求积极影响价值的巨大鸿沟，依然是个问题。我们怎样才能让人类行为往更加有利于社会和环境的方向持久的发展呢？通过经验数据，晓之以理？通过道德规范，动之以情？还是通过惩罚错误行为，强制执行？事实证明，要想让个人或企业转变思维方式，以实际行动应对全球性挑战，上述方法都不是很有效。

量子范式在多年来精神传统研究成果的基础之上，不再只依赖经验分析，而是提供了基于直觉、存在和感知的认识论。凭直觉做事可以让我们体验整体性和互联性，比如冥想、在大自然中漫步、艺术和审美、体育运动、写日记等；而这些事情反过来，也能改变我们自己，帮我们加深认识，了解自身行为是如何影响他人和世界的。同时，还能使分析性思维冷静下来，为扩展意识腾出空间，让我们更能从本质上意识到现实的一致性。每天增加一个或多个这样的练习，可以加强个人的学习效果，提升意识层次，进而从心底改变人们存在的方式。

培养企业作为全球利益代理人的意识

在本节中，我们将从概念上阐释，意识是如何在企业发展的不同阶段影响企业，从而创造积极影响价值的。图15.1从理论角度，画出了在企业成为全球利益代理人的过程中，意识的发展阶段示意图。第一阶段对应的是实证科学对意识的否定，体现了法国数学家拉普拉斯的观点。他认为，"我们可以把宇宙现在的状态视作过去的果和未来的因"。根据这一说法，粒子和力的位置和动量就足以解释所有可观察到的行为。到了第二阶段和第三阶段，意识重新恢复了科学地位。作为一种不可再分的属性，意识在决定人的思想和行为上，起到了关键作用。第二阶段从是否够用的角度进行了探讨；第三阶段从正向偏差的角度进行了探讨，这两种方法对意识进行了清晰的划分。马丁·塞利格曼和戴维·库佩德还分别从个人层面和企业或系统层面对意识的作用进行了阐述。第四阶段进入了全新的量子范式，纵轴代表本体论，横轴代表认识论。图15.1并没有全面展现与意识发展相关的所有因素，它只展现了我们对人类的意义和世界的本质形成新理解的过程，以及影响企业行为的思维变迁，并为我们研究相关概念，提供了一种科学视角。

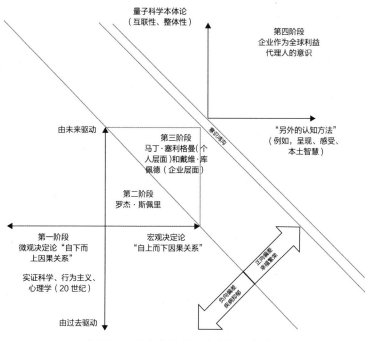

图15.1 社会企业意识转变的四个阶段

我们的研究表明，从量子范式的角度来看，我们对整体性和互联性的理解越深，对企业产生的实质影响就越多，对企业的管理者决策的影响也就越大。接受这种思维的领导者明白，光靠"减少伤害"是不足以最大限度地保持社会与生态平衡的。因此，企业必须努力追求积极影响价值，维护地球的和谐发展。然而，这并不代表企业要做慈善机构，追求积极影响的公司也是逐利的。但企业是发挥重要作用的社会机构，通过和其他社会生态系统进行互动，让所有形式的生命都能实现繁荣发展。因此，一旦意识到了整体性和互联性，企业就找到了杠杆的支点，进而得以加速成为全球利益代理人。

结论

科学与精神领域的结合，实证研究之外的"另外的认知方法"，以及量子科学的新本体论和认识论，为今天的人类带来了最大的希望，加速促进个人和企业成为全球利益代理人。通过意识的四个发展阶段，我们见证了以向上性因果关系为特征的实证主义观点，让位给了罗杰·斯佩里以向下性因果关系为特征的宏观决定论观点，从而恢复了意识的科学地位。在斯佩里的研究基础之上，塞利格曼的积极心理学从个人层面发展出了基于意识的前瞻，而库佩德在企业和系统层面也做了类似的工作，证明了前瞻性意识在企业的思想和行动中，发挥着重要的决定作用。这里的意识是整体的、不可再分的，也是有限的。只有跨越了经典科学和量子科学之间的巨大鸿沟，我们才可能获得宇宙意识，一种自古就被东方智慧感知的意识。在相互联系和动态连贯的世界中，这种意识指引着人类，不断推动生命的进化。通过各种各样的联系，企业管理者对这个世界有了更直观的体验。这些体验让他们发生了转变，最终成了全球利益的代理人。

十六　通过创新实现繁荣：追求积极影响的企业理论

乌达扬·达尔、罗纳德·弗莱

　　研究企业责任、道德和可持续发展的学者提出，现在，企业能否"通过向善的行为实现做大做强"已经不是问题了，企业如何做到向善才是我们应该研究的问题。研究人员花了6年时间，调查了800多家共益企业，结果发现，这些企业的收入增长率均具有统计显著性，远远超过了同类上市公司的水平。但也有证据表明，一旦将重大挑战引入企业发展战略之后，它们往往会被当成普通而轻松的问题，企业管理则"一切照旧"。因此，我们有必要探讨的是，如何将企业责任与组织心理学及组织设计结合起来。学者们的共识是，必须好好研究一下，有哪些临时或持久的社会机制，能够鼓励企业的道德行为以及处罚企业的非道德行为。最终，我们还要研究如何培育并维持企业的高效运转、人性化管理、职业道德和繁荣发展，并做好相关知识的宣传工作。针对上述问题，本研究以企业组织作为切入点，探讨了该如何实现企业和社会的互利创新。

首先，我们要研究的问题是：有哪些组织因素，影响着企业和社会互利创新的成败？我们对"互利创新"的定义是：企业在推进联合国可持续发展目标的同时，为投资者创造经济价值。为此，我们咨询了业内人士，向他们请教互利创新的具体做法有哪些，该如何实施。在此过程中，我们总结了确保互利创新成功的五大关键机制：内化社会生态效益、找准长期定位、开展多方合作、确立企业作为变革推动者的身份，以及建立循环价值链。除了理解互利创新的内容和相关因素之外，我们还搭建了确保创新成功落地的框架。

研究方法

数据：互利创新案例研究

我们的案例研究围绕"互利创新"和"企业向善"展开，属于美国凯斯西储大学福勒企业向善中心推出的"旨在繁荣（AIM-2 Flourish）"倡议活动的一部分。这项全球倡议通过欣赏式探询的方式与企业进行面对面对话，探讨企业的社会责任，发现并宣传企业和社会互利创新的成功案例。我们动员学生对全球企业进行访谈，收集了许多成功案例。在这些案例中，企业不仅成功实现了繁荣发展，而且还对一个或多个联合国可持续发展目标产生了积极影响。截至目前，来自全球103所学校的学生贡献了3000多个创新案例。"旨在繁荣（AIM-2 Flourish）"倡议的案例来自各类共益企业、社会企业以及联合国全球契约组织的成员企业，他们在访谈中分享了自己对企业社会角色的理解。

我们从95个美国中型企业（员工人数为50~200人之间）中，随机选择了36个案例进行分析。我们根据案例内容，对数据进行了分类。也对企业的类似做法进行了迭代归类，并根据现有文献管理规则，制作了编码方案，并通过讨论，对不同意见进行了统一。在初步分析的基础上，首先我们制作了编码本，并列明了新兴主题所涉及的所有定义。之后，我们对全部36个案例进行了系统编码。最后，我们根据访谈框架，罗列了从创意灵感到具体实施的各项信息，并围绕创新实践提出了建议，指导企业和社会未来在互利创新领域的研究与实践。

研究结果

在案例分析过程中，我们将不同的主题分为两大类，并按照出现的先后顺序划分为两个阶段。第一阶段的案例主题聚焦创新背后的灵感，第二部分的案例主题聚焦创新落地的具体措施。之所以按时间顺序进行分析，是为了便于整合，建立因果模型。我们对每个主题都做了简要介绍，以下是其中的一些范例。

第一阶段：创新背后的灵感

第一阶段的案例研究聚焦推动互利创新的灵感来源，相关企业的反馈可以归为两类：一是内化社会生态效益，二是找准长期定位。

内化社会生态效益

在本主题的案例中，企业及其领导者将当地的社会和自然环境与企业自身经营紧密结合在一起。研究发现，企业先会将经营与社会效益挂钩，直到最近，才开始将经营与生态效益挂钩。社会效益的内化是指，"企业利用社会关系网络进行商业交易的程度，也就是说，利用交换协议中的相关社会效益和非营利条款，来控制企业交易"。生态效益的内化是指，"企业及其领导者'植根于大地'的程度，也就是他们走进自然、从自然中学习并积累经验的程度"。

金盏花餐厅（Marigold Catering）是美国俄亥俄州首家获得绿色认证的餐饮公司。其创始人兼总裁琼·罗森塔尔（Joan Rosenthal）对自己的家乡克利夫兰充满了自豪和热爱。她认为，自己不仅有责任回馈社区居民，还有责任在餐厅的发展战略和经营中加入环保的内容，这也是她哲学信仰的一部分。罗森塔尔将自己对家乡的情怀通过可持续的系统方法，内化到了金盏花餐厅的经营计划当中。通过该计划，金盏花餐厅与当地非营利组织合作，为其捐款捐物，提供各类资源，包括志愿服务时间、剩余餐食、借用餐厅场地或货车等，以此来回馈社区居民，将自己的价值观传递给更多受众，着力打造餐厅"用心服务"的形象。

福海洋环保商店（4ocean）总部位于美国佛罗里达州的博卡拉顿市，主营业务是用回收的海洋塑料制作手链。显而易见，其创始人就是为了保护海洋才创办了这家企业。这个创意产生于创始人的一次海岛旅行。大学毕业后，亚历克斯和安德鲁结伴去巴厘岛旅行，满心期待的打算到海上冲浪。可当他们抵达巴厘岛的海滩时，却被海里冲上来的铺天盖地的垃圾惊呆了。他们看到，印尼渔夫像打仗一样，在成堆的塑料垃圾中穿行。就这样，亚历克斯和安德鲁合伙创办了这家海洋环保商店，他们的商店清理了2300多吨海洋垃圾，并以海洋塑料和回收材料为原料，推出一系列手链饰品。

根据上述案例，我们可以得出下列结论：

结论一：内化社会生态效益与互利创新正相关。

找准长期定位

在本主题的案例中，企业或及其领导者在做出关键决策时，考虑了企业和社会的长远发展。企业的长期规划不仅包含了未来的资源分配，还激励着员工为各个利益相关方创造价值。具有长期发展定位的企业所进行的经营活动，未必会带来短期回报。例

如，对研发的投资，追踪消费者偏好的动向以开辟新市场，发展
战略资源等经营活动。在我们收集的案例中，有多家企业都在从
事类似活动。

普罗梅斯公司（Promess Incorporated）是传感技术领域的领
导者，总部位于密歇根州的布莱顿市。测力传感机是该公司推出
的创新产品，可通过测力，直接检测物体的质量。用户可以利用
这个新产品，检查产品是否存在缺陷，并做出生产上的调整，以
减少次品率和材料浪费。新款传感机较之前型号有了重大改进，
不再依靠液压系统去识别产品的质量缺陷。从短期看，这次创新
的研发成本很高，但是从长远看，这次创新不仅为公司节约了时
间和金钱，还减少了公司的"碳足迹"，因为新的传感机将检测
时间缩短了25%。

人造肉巨头不可能食品（Impossible Foods）公司的总部位于
美国加利福尼亚州雷德伍德城，是另一个依靠找准长期定位战略
获得成功的案例。该公司专注于用植物制造的食品取代肉制品。
据该公司分管可持续发展和农业的经理丽贝卡·摩西（Rebekah
Moses）介绍："我们之所以用植物来做素食肉和奶制品，不是
因为这样做很简单，而是因为它是应对家畜养殖危机的一种方
法。"由于植物蛋白消耗的资源很少，该公司生产的人造肉能大
大降低危机的影响。摩西还谈到了对未来的愿景："很快，我们
就能以这种可持续的方式，为100亿人口提供能量了。我们希望

有朝一日孩子们在吃素食汉堡时会不禁感慨，人类竟然曾经用动物的肉做过汉堡。"

根据上述案例，我们可以得出下列结论：

结论二：企业找准长期定位与获得互利创新灵感正相关。

第二阶段：创新落地的具体措施

第二阶段的案例研究聚焦创新落地的具体措施，相关企业反馈可以归为三类措施：一是建立循环价值链，二是推进企业跨界合作，三是确立企业作为变革推动者的身份。

建立循环价值链

在本主题的案例中，企业对生产和供应链中的产品和副产品进行重复利用。在学术文献中，我们常常看见有人将循环价值链描述为企业减少浪费、重复利用和回收资源的经营活动，但很少有人强调，这是企业在物资管理上必须进行的范式改革。循环价值链是一种系统性做法，和时下流行的经济逻辑截然不同，它关注的是生产链条中的物尽其用：重复利用你能利用的资源，不能重复利用就加以回收，用坏了就修好，修不好了再继续制造。

总部位于美国华盛顿州贝尔维尤市的CF全球公司（CF Global Holdings）主营咖啡制面粉的生产和销售。这种果粉以咖啡果的果皮和果肉废料为原料，营养十分丰富。在这种创新经营模式中，咖啡果农收集废弃的咖啡果，加工成营养的果粉，可用于各种烘焙。以前，果农在剥完咖啡豆之后，会将咖啡果皮和果肉当作废料扔掉。现在，这些废料通过再利用，不仅为果农带来了稳定的收入来源，还减少了周边河流的污染。每年，在收获了咖啡豆之后，全球被扔掉的咖啡果皮肉约有数百万吨，该公司通过改变咖啡加工行业，减少了环境污染，直接提高了果农收入，将废料变成了健康的食品原料。

Filtrexx安装服务公司（Filtrexx Installation Services）位于美国俄亥俄州的阿克伦市，此公司是堆积物侵蚀防治和雨洪管理研发领域的领军企业。该公司研发了多项可持续发展技术，广泛应用于周界管理、河口区保护、径流分流、河道淤泥沉积治理、屋顶农场及过滤系统等领域。虽然建筑行业是污染大户，但该公司创新研发的沉积物过滤袜（Compost Filter Sock）能够有效阻拦沉积物和可溶性污染物，防止它们在施工过程中被水冲走，进入水道；还能减缓、阻断和过滤雨洪径流，保护排水口。植物和沉积物形成了碳固存效应：活跃生长的植物变成了有生命的"墙"，而沉积物进入土壤后，又会增加微生物活性，促进植物生长。

根据上述案例，我们可以得出下列结论：

结论三：建立循环价值链与互利创新的成功落地正相关。

推进企业跨界合作

在本主题的案例中，企业及其领导者主动与外界建立有益联系，与其他企业或利益相关方联手，确保企业的互利创新成功落地。当企业追求的目标是同时实现经济、生态和社会效益时，这种跨界合作就显得尤为重要了。实际上，就社会企业而言，其组织结构本身就倾向于混合型，跨界合作属于常态。他们经常会在营利组织和非营利组织之间切换身份。他们寻求相互合作，试图在公共和私营部门之间，打造出一块新天地。有专家指出，企业在探索如何创造可持续价值时，越来越注重与多利益相关方的跨界机构建立合作关系，不光是为了向其他利益相关方请教关于未来的发展方向，更是要就学习和行动开展合作。

联合包装（Union Packaging）是美国宾夕法尼亚州伊登市的一家包装用品商店。通过与当地的非营利组织以及公益项目开展合作，该商店招募了许多在就业市场上常常被歧视的人。新宾州人欢迎中心（Welcoming Center for New Pennsylvanians）就是他们在当地的社区招聘合作伙伴之一。该中心为来自世界各地的新移民介绍工作，让他们获得能够赚钱的机会，在当地成功立足。残障人士读书就业帮扶中心（Bridges from School to Work）也是其合作伙伴。这家机构专门为残疾青少年提供学习、成长和就业机会。

美庞得（MPOWERD）太阳能灯具公司的总部位于美国纽约市布鲁克林区，其创始团队发明了露西（Luci）牌太阳能轻质灯，它们宣传说这种产品"亮度极高，且永远无须充电"。更重要的是，公司利用其在发达国家强大零售网络内降低的生产成本，去到欠发达地区，以其居民所能承受的价格，为未通电地区的人民提供太阳能照明。据公司报告，他们已经在100多个国家发放了20多万盏露西牌太阳能灯，改善了超过100万人的生活。为了实施这个伟大的公益项目，公司与200多家非政府组织和慈善机构合作，它们在美国等发达国家每销售一盏灯，就向欠发达地区赠送一盏灯。

根据上述案例，我们可以得出下列结论：

结论四：推进企业跨界合作与互利创新的成功落地正相关。

确立企业作为变革推动者的身份

在本主题的案例中，企业及其领导者意识到，企业除了追求主营业务的目标之外，还有另一个身份，那就是积极变革的推动者。他们认为，企业应该充当变革的催化剂，促进从追求社会效益转向追求企业和社会互利创新的变革，对于与企业经营领域相关的社会效益而言，更是如此。

我们在前文中提到了福海洋环保商店。该企业认为，宣传和教育是企业经营的重要组成部分。他们在官网上表示："当人们无法意识到问题严重性时，是不可能加入解决问题的行列的。我们的任务，就是向人们宣传海洋保护知识，帮他们明白海洋塑料危机产生的原因，让他们加入我们的行列。从宣传教育计划到海滩垃圾清理活动，我们毫无保留地分享所有的海洋知识，也真诚欢迎所有人参与到海洋保护运动中来。"此外，他们还鼓励公众加入志愿者队伍，与企业一起，并肩作战，让海滩清理工作变成一种受教育的方式。

特拉循环公司（TerraCycle）是一家回收企业，总部位于美国新泽西州首府特伦顿市，回收范围从零食包装到宣传人偶，应有尽有。企业通过各种方式提醒消费者，在决定买东西时，要考虑消费行为产生的环境影响。该公司全球业务总监劳伦·泰勒（Lauren Taylor）介绍了特拉循环公司是如何走进学校，帮助学生和家长提高回收意识的。有家长表示："我的孩子参与了学校组织的回收活动之后，把家变成了回收中心"。孩子们考虑的是什么可以回收，什么不能回收。虽然提供了巧妙的回收解决方案，但该公司很清楚，回收只能减轻浪费问题，但无法彻底解决。因此，特拉循环一直致力于向消费者宣传，买东西之前务必想清楚会不会浪费，并考虑购买更多耐用品或二手商品，同时能少买，就少买。

根据上述案例，我们可以得出下列结论：

结论五：确立企业作为社会变革推动者的身份与互利创新的成功落地正相关。

创新的成果

通过案例分析，我们发现，创新既影响着投资者的直接经济回报，又影响着与可持续发展目标相关的社会和生态效益。有证据表明，企业独特的创新措施能够让各种内部和外部利益相关方从中受益，比如企业的所有者和股东、客户、员工、社区以及企业所处的自然环境等。在全部36个研究案例中，这种积极影响是一目了然的。

正如我们所讨论的，CF全球公司目前正在与全球各类食品公司开展广泛合作，重塑咖啡种植业格局。由于咖啡果的供应商分布于世界各地，催生了公司在夏威夷、尼加拉瓜、危地马拉、墨西哥和越南等地的业务增长，他们在拉丁美洲和亚洲的业务不断扩大，在非洲的新业务也在筹划当中。对于咖啡果农而言，将以前丢掉的咖啡果用于生产果粉，不仅为就业情况不乐观的地区创造了可持续就业机会，还为当地人民带来了新的收入来源。在环境方面，如果几十万吨咖啡果被丢弃在地上任由其腐烂，其中的咖啡因、赭曲霉毒素和黄曲霉毒素最终会污染周围水域。而今，咖啡面粉的生产利用了这些咖啡果，从而减少了环境污染。

无独有偶，美国新罕布什尔州曼彻斯特市的食品王国（Food-State）公司也是天然食品营养素行业的领导者。他们从1973年开始生产和销售高级保健品。随着产品的知名度越来越大，公司的利润也在不断提高。今天，该品牌的推崇者、老年病学专家艾莉森·摩尔（Alison Moore）表示，食品王国鼓励人们在食品消费上返璞归真，在推广高品质营养品和健康生活方式的同时，也密切关注生态环保等问题。

讨论

总而言之，当企业及其领导者将社会和生态效益内化到企业战略中，找准长期定位，就能够激发创新灵感，实现企业和社会的互惠互利（社会效益和生态效益）。这些互利创新得以成功落地，有赖于企业的跨界合作、建立循环价值链，以及企业作为变革推动者身份的确立。最终，企业将迎来繁荣发展，成为我们定义中的互利创新企业，这样的企业既对可持续发展目标产生积极影响，又能为投资者带来经济回报（图16.1）。

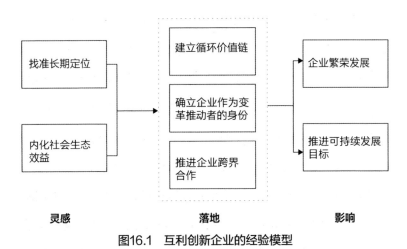

图16.1 互利创新企业的经验模型

根据以上研究结果，我们建议，未来在研究企业"通过向善实现做大做强"时，应该围绕"繁荣"这一概念展开。繁荣的含义包括：不再根据我们拥有的物质财富来定义繁荣，而根据我们采取真实行动的水平来定义繁荣；从系统角度看，它意味着，从纯粹理性主义向更均衡务实的思维的转变。其他学者也认识到了这其中的区别。他们提出，"繁荣"比"可持续发展"更加震撼，因为它不是一个平淡世俗概念的延伸，而是我们所有人都渴望的未来。我们的研究结果表明，一些企业已经不再在"做大做强"和"向善"之间进行权衡了，而是要通过"向善"，实现"做大做强"，尤其是通过互利创新，达到这一目标。因此，"企业责任"或"互利"之类的传统概念，或许已经不足以概括"繁荣"一词的"大有作为"了。"通过向善实现做大做强"的说法，对于新冠疫情之后的新兴营商环境而言，或许确实更为贴切。

结论

为了更好地理解企业如何走向繁荣，我们选取了美国中型企业作为研究对象，分析了企业和社会互利创新的成功案例，解释了隐藏在成功创新背后的创意和灵感。在追求"繁荣"的背景下，我们重新定义了"可持续发展"，并借此为解决各类社会挑战提供了新的角度。我们强调，企业可以在"减少伤害"、实现可持续发展的常规做法上更进一步，从全局出发，尝试实现更远大的抱负。为了实现繁荣的目标，我们为互利创新的落地提供了全面的可行性建议，供管理专家、教育工作者和相关从业者在未来几年中参考。

十七 重构企业经营理念：在动荡中实现繁荣的五大原则

纳迪娅·赫谢姆巴耶娃、戴维·库佩德

> 我认为古代思想是有价值的，它提醒着我们，我们今时今日的看法，未必就是事物的真理。
>
> ——玛乔丽·凯莉（Marjorie Kelly）

> 别再管规则了，最好的教育技巧就是重构。
>
> ——尤瓦尔·诺亚·赫拉利
>
> （Yuval Noah Harari）

企业管理变革影响深远，为所有企业都带来了深刻启示，尤其是那些希望跻身行业龙头、在企业向善和企业做大做强方面有所作为的企业。

在本书前几章中，联合利华公司前总裁兼国际商会主席保罗·波尔曼，以及新书《净正效应》的合著者安德鲁·温斯顿，已经提到了企业管理中的"老大难"问题。他们有力地阐述了企业为什么需要建设大胆、有魄力、有原则的领导力，为什么需要重置企业经营的底层逻辑。同时，他们也提出了疑问，"我们的变革真的能够应对当前挑战吗？为什么几十年来，我们都有一种在梦游的感觉？"而现状是，我们在企业管理变革中的表现不及格，大量数据能证明这一点。

在过去几年中，我们一直在对客户及合作伙伴开展调查，定期调研企业变革的成效和相关情况。2018年，在参与调研的两千名经理中，有47%的人表示，为了企业能够生存下去，他们至少每三年就要对经营理念进行重构。到了2020年，该比例已经跃升至60%，这就更加说明问题了。

考虑到企业参与全球经济而带来的深刻关联，这一数据也并不意外。世界经济论坛发布的《2019年全球风险报告》列出了被归为5个类别的30个关键风险，这些风险之间相互关联，具体包括经济风险、环境风险、地缘政治风险、社会风险及技术风险等，传染病的传播风险位列前十。新冠疫情（或类似疫情）其实是完全可以预判的，其他许多相关领域中的破坏性事件也可以预测。

可问题在于，尽管我们能够认识风险，甚至预判风险，但我们却不善于应对风险。早在20年前，就有学者已经注意到了，"约70%的变革计划均以失败告终"（Nitin Nohria and Michael

Beer，2000）。今天，根据波士顿咨询公司（Boston Consulting Group）2020年的报告显示，我们的变革能力还在持续退化："有75%的企业变革没有达到预期效果。"

难怪现在企业似乎很难维持长久经营了。由创新洞察管理顾问公司（Innovation Consulting Firm）开展的2018年企业寿命预测显示，1964年，标准普尔500指数中的上市公司在股指中的停留时间平均为33年；到了2016年，该时间已缩短至24年；据预测，到2027年时，该时间将进一步缩短至12年。这说明，企业进行的许多变革都存在着严重错误。我们的理论和实践表明了，大多数企业变革失败的原因，都源自我们对变革有效性的五个最基本、最根深蒂固的假设。只有推翻了这些假设，我们才能得出正确结论，做好准备，解决今天企业和全人类所面临的"老大难"问题。

原则一：从少有发生，到成为常态

现代企业管理理论形成于相对和平的时期。几乎所有西方企业管理的优秀解决方案，全都产生于第二次世界大战之后。传奇管理学家彼得·德鲁克所著的《公司的概念》（*Concept of the Corporation*）就是1946年出版的。有许多人认为，这本书标志着现代企业思想的诞生。

到了20世纪下半叶，西方就基本上稳定了下来：没有重大的全球冲突，各国边境相对稳定，几乎没发生什么严重的经济危机。在这个相对和平的时期，大部分管理模块，例如战略、人力、运营、创新和信息技术（IT）等，全都实现了专业化。我们用得最顺手的许多管理工具和架构都在这时出现了，例如准时制生产、全面质量管理等，在相对可预测的营商环境中，连企业的固定预算都出现了。

多年来的数据似乎证明了，我们关于企业稳定经营体系的假设是正确的。瑞士洛桑国际管理发展学院名誉教授、世界竞争力中心主任斯特凡·贾瑞利（Stéphane Garelli）在谈到现在动荡的世界时表示："大多数大型公司的寿命可能都不及人的寿命。大公司现在日子也不好过了。熊彼特强调的创造性破坏正在发生，而且还在加速。麦肯锡咨询公司的最新研究发现，1958年标准普尔500指数的上市公司平均寿命为61年，而如今，它们的寿命已经下降到不足18年了。据预测，截至2027年，当前标准普尔500指数中的上市公司将有75%不复存在。"

曾几何时，全球的企业都经历了一段相当长时间的健康发展阶段，业绩逐渐提升，直至见顶，而后开启下坡路，直至覆灭。企业变革的节奏非常慢，因为很少有企业会遇到危机，因此根本没有必要去进行变革；就算需要变革，企业也认为时间足够，按照自己的步调去调整业务就行。反正变革这种事，一辈子只会碰到一次。但是，战后出现的可以预测的世界，即便曾经存在过，也早就今非昔比了。

21世纪伊始，企业管理书籍中首次出现了"VUCA"的概念。"VUCA"是易变性（volatile）、不确定性（uncertain）、复杂性（complex）、模糊性（ambiguous）四个英文首字母组成的简称。2007年，鲍勃·约翰森（Bob Johansen）所著的《赢得先机：如何运用远见、洞察力与行动推动企业创新》（*Get There Early: Sensing the Future to Compete in the Present*）就提到了这种动荡的现实。到了2020年，我们已经濒临变革的临界点，社会、经济、环境、政治和技术等诸多力量，正在以一种全新的方式形成共振。

企业比以往任何时候都更需要快速重构自己的经营理念，快速革新自己的产品。然而，要做到这一点，我们必须首先推翻过去管理体系中的基本信念。我们需要做的第一件事，就是不把变革看作少有发生的偶然事件，而将其视为生活中的常态。

原则二：从不坏不修，到未雨绸缪

我们的个人和企业活动，向来会受许多理所应当的左右。"我们一直这么做""没坏就不用修"等说法，也常被人们挂在嘴边，当作真理。

在节奏较慢的平稳时代，这样做或许有用。但是，当我们进入了混乱、动荡、持续颠覆的时代，这样做就相当要命了。咨询顾问保罗·努内斯（Paul Nunes）和蒂姆·布林（Tim Breene）对此做了完美解释："迟早，所有行业都会变得拥挤不堪，没有丝毫发展空间，连最成功的企业也不能幸免。面对这种令人不悦的现实，企业别无选择，只能定期重构自己。有能力完成艰难重构的企业，才能不断进入下一个成熟阶段。重构能力，是优等生与暂时拔尖的学生之间的本质区别。"

企业如果来不及完成自我重构，将会面临可怕后果。《失速点》（Stall Points）一书指出，企业发展一旦遭遇重大停滞，其完全恢复原本增长趋势的概率将不足10%。这样的事实令人不寒而栗，也在很大程度上解释了，为什么发展停滞的企业，有三分之二最后都选择了被人收购或不得不宣告破产。换句话说，如果只有当企业的生命周期进入衰退后，我们才开始重构，那么企业恢复到增长状态的概率只有10%。如果我们在东西看起来坏掉了之后才开始修理，一败涂地的可能性将高达90%。

要想彻底成功重构，我们必须改掉"不坏不修"的习惯。现在就应该抢占先机，趁别人还没行动时，颠覆原来的企业组织和产品流程，建立一套能让员工们全身心投入的全新组织文化、产品规划和生产流程。

原则三：从零散变革，到系统重构

原则三是原则二的逻辑延续：当变革成为常态之后，最有效的管理方法是在深思熟虑之后，采取的积极系统化重构。当变革只是偶发事件，完全可以把它当作一次不常见的项目，一场需要扑灭的火，或者一个可以把握的机会。你也无须发展自身的重构能力，因为这种偶发问题完全可以外包给专家和顾问去解决。

而一旦变革成为常态，企业就应该及时从系统、方法和流程着手，加强自身的重构能力，打造整个为变革服务的系统。这样一来，你就可以预防大部分的意外，即便偶尔没有防住，也可以通过加大投入，去熟练而轻松地进行补救。

原则四：从革旧图新，到推陈出新

长久以来，许多人一直认为，抵制变革是企业无法与时俱进的关键原因之一。相关研究也证明了，很少有企业员工愿意主动去承担重构带来的风险。加拿大多伦多大学的一个研究团队对1000名美国和加拿大的知识分子开展了调查。所有调查对象均有工作，且均为高学历，按两种国籍和三个年龄段（35岁以下、35~44岁和45岁以上）被分为六组。调查的主题为美加两国知识分子的特质，包括"创新动力"和"风险承受力"等。结果显示，调查对象的创新动力从14%到28%不等，六组中仅有两组突破了25%大关。风险承受力的数据更能说明问题：一家公司中愿意冒险的人最多只有19%，而某些年龄组中，愿意冒险的人占比甚至低至11%。

这种差劲的现状和对变革的抵触是可以理解的。通常，企业的转型计划，往往是由一小群脱离实际的经济学者和顾问关着门完成的。只是在电子表格中改动几个数字会得出貌似客观合理的结果。可当你意识到，这些数字背后牵涉到的是后遗症、职业生涯和员工生计之后，恐怕就不这么认为了。为了对抗无处不在的变革阻力，必须要在保护旧制和推行新制之间找到平衡，这一点至关重要。只有这样，企业才能继往开来，减少阻力，提高员工在变革中的参与度。

原则五：从只顾眼前，到成就未来

几十年来，在世界上很多地方，企业处理问题时都有一个坏习惯，就是只求快速解决眼前的矛盾。头疼就吃止疼片，减肥就去抽脂，资金困难就裁员。没错，企业甚至都不把员工当人看。

至于企业投资和决策，注重短期回报成为一种明显倾向。正如一位经济记者提到的，"股票的平均持有时间从1960年的8年下降到2016年的8个月。美国400家规模最大的上市公司中，近

80%的首席财务官表示，为了满足季报的收益预期，他们宁愿牺牲公司的经济价值"。这样的数据令人触目惊心！

牺牲明天来拯救今天，已然成为一种规则。反过来，过度关注未来而脱离了现在，同样也是很危险的。专家和企业如果有成功处置混乱局面的能力，必定会双管齐下，在争取今天成功的同时，为明天的成功铺好道路。这才是自我重构的真正目的，也是其成功与否的衡量标准。

践行五大原则

在当今世界中，上述企业走向复兴和繁荣的五大原则是显而易见的。现在的问题是，企业该如何践行这些原则呢？

英特飞地毯公司的总裁雷·安德森（Ray Anderson）为公司打下了良好的基础，如今，该公司已经做到了净零排放，正在成为净正效应企业的典范。沃尔玛公司的总裁李·斯科特（Lee Scott）多年前曾在华尔街前许下的豪言，要将沃尔玛打造成一家100%使用可再生能源、零浪费的领军企业，实现可持续发展。结果，他不仅撼动了整个行业，还撼动了成千上万的供应链合作商。美国绿山咖啡烘焙公司（Green Mountain Coffee Roasters）从破产边缘绝处逢生，将打造可持续价值、推行人性化管理作为企业的核心基石和文化底色。并几乎完全靠一己之力，建立了美国公平贸易组织，在短短10年内，从一家销售额1.5亿美元的小公司，发展成市值240亿美元的上市公司。还有全食超市，联合国全球契约组织，被绿色和平组织评为全球最环保科技公司的苹果公司，还有生产普瑞来洗手液的戈乔公司（GOJO）以及克拉克工业公司，它们都在成为极具影响力的净正企业。

它们的共同点，就是率先践行了重构理论，理解了变革不只是偶发事件，而是一个长达数十年的优化过程。在重构过程中，他们召集了所有利益相关者，包括来自不同层级和部门的员工、客户、合作供应商、当地社区、行业竞争者，以及打入"战略核心区"的年轻一代。在这里，大家都可以作为首席重构官，共同重构工业时代的企业深层管理逻辑。

如何让每个人都从企业的成功中受益，变得更好？事实上，确实有一个非常好的做法值得推荐，在再生型企业中效果尤其强大，它就是开展欣赏式探询重构峰会（appreciative inquiry reinvention summit）。目前，该峰会以线下或线上方式召开，参会人数已从最初的300人发展为2000人。在为期数天的讨论中，大家以科技为支撑，试图改变游戏规则，探究群体战略洞见，设计企业未来发展，探讨措施如何落地，充分发挥企业的组织优势，共同把握时代机遇。

在第七任联合国秘书长科菲·安南的指点下，我们（本章作者）开始以欣赏式探询重构峰会这种形式，邀请企业和社会机构来参加全球最大的总裁峰会。联合国领导人在报告中特别指出了，欣赏式探询具备巨大的协作潜力，是"当今最好的大型会议形式"。

为什么值得你放下手头的一切事情，去组织2000个人参加这样一个会议呢？原因主要有以下三点：

1.建立信任。峰会为大家创造了一次分享好经验和建立信任的机会，而这反过来，为取得更大的变革成果创造了条件。有数据表明，与缺乏信任的公司相比，信任度高的公司中，员工压力减少了74%，工作精力提高了106%，生产效率提高了50%，病假减少了13%，参与度增加了76%，生活满意度增加了28%，倦怠感减少了40%。

2.提高参与度。盖洛普公司发布过一份民意测验报告，根据过去几十年的数据对2020年的趋势进行分析，并得出了惊人结论：高参与度（定义为：与自身工作和同事紧密联系，并感觉自己真正做出了贡献）会给企业带来诸多好处，例如利润增长23%、质量缺陷下降41%、员工福利（个人发展）提升66%等。

3.丰富多样性。根据优势管理和复杂适应组织理论，在一个多利益主体的世界中，最关键的不是孤立优势，而是如何将这些优势组织、整合、联系起来。根据全球咨询巨头麦肯锡咨询公司的说法，将不同想法的人聚在一起交流，能够迸发出新的思想火花，让企业做大做强的可能性会提高36%甚至更多。

时至今日，学习如何优化经营已经成了企业生存的必备技能，欣赏式探询重构峰会让我们得以从全局入手，推进规模变革，建立加深互信，共同参与合作，共享变革成果。1987年，戴维·库佩德和苏雷什·斯里瓦斯塔瓦（Suresh Srivastva）将欣赏式探询引入商界。其原则之一就是，一个人、一家企业或一个体系要想脱颖而出，只能靠扩大优势才行，光靠弥补劣势是不够的。欣赏式探询为我们提供了工具和方法，来创造新的优势组合和集中效应，最终通过服务发挥优势，为所有人赢得更加光明的未来。

其实，欣赏式探询是管理思想之父彼得·德鲁克提出的重构原则的延伸。在他去世前不久，93岁高龄的德鲁克在一次采访中说道，领导的任务不论在哪个年代都是一样的，从本质讲，"领导的任务是将优势整合到一起，使系统的弱点变得无关紧要。"

这就是"欣赏"一词的含义。它意味着，看重那些有价值的东西，并为其增值。这就是重构的过程。通过提升和放大优势，并进行交互，来提供解决方案，共同发现什么方法有效，什么方法更好，什么方法是有可能的。欣赏式探询让利益相关方的理论逻辑更进一步，进入了创造更大价值的下一个阶段。

欣赏式探询并未将利益相关方视为单独的个体，迫使企业去以他们的偏好为准来作选择或权衡决策，而是进行了彻底但可喜的转变，具体包括以下三点。

第一，"外部利益相关者"这一概念，是根本观念出了问题。在欣赏式探询的体系中，明确拒绝将企业视作自治或自给自足的单位。也就是说，企业的内部与外部之间不应该有明确边界。它强调的是一个事实，即所有企业都是相互交织的"整体中的整体"，错综复杂，由此构成了一个功能上不可分割的网络，其中包含着各种重要关系、组织间关系、利益相关群体以及企业的生存环境，即大自然。

第二，人们开始认识到，过去留下的一些概念，已经严重影响了企业所需的协同资源生产。它从两个方面，让企业资产和大量可用优势未能得到充分利用。首先，所谓的外部利益相关者很少被邀请到企业中来，参与企业重构和战略制定等核心决策过程。例如，企业会不会经常邀请大量客户或社区代表参加会议，他们能否对企业未来规划的看法畅所欲言。其次，企业将所有的利益相关群体全部邀请到会议室，共同进行重构等核心决策，共同创作新的设计、描绘未来愿景，制定新的战略计划，这种情况就更罕见了。实际上，过去关于企业的假设限制了文献中提到的网络效应，也影响了"优势集中后的化学反应"。

第三，领导形式除了自上而下和自下而上以外，还有第三种。它帮助企业高管将目光从局部（少数利益相关者）转向全局（社会和世界），开放了更多新的选择。从系统的角度看，每个人都经历过某种总观效应，就像宇航员第一次看到整个地球时一样。用著名组织行为学者和作家鲍勃·奎因（Bob Quinn）的话说，"欣赏式探询就是一场彻底改变企业组织发展的变革。"

接下来的问题自然是：我们如何组织这样的峰会？在现实中，要做到这一点并不难，可分为三步走：会前筹备阶段、峰会进行阶段和会后跟进阶段。

在筹备阶段，我们需要建设一支强有力的设计团队。我们可以召集大家一起参与会议设计，确定每一个细节。例如，对邀请的利益相关者进行搭配组合；阐明峰会的任务和议程；制定会前研究和会后跟进计划。通常，在关键内容确定之后，峰会将在六到八个月以内举行，会后跟进阶段包括会上议定决议的落地与跟进。

组织众人集中进行"全方位"重构有许多好处，其中之一就是速度非常快，可以省去开数百个小会的麻烦。从联合国秘书长，再到苹果公司、科瑞格绿山咖啡公司、英特飞地毯公司、全食超市和沃尔玛集团的首席执行官，无不为企业在这种形式下可以创造最大积极影响的速度之快感到惊叹，无不由衷地为这种快速变革、务实讨论、创新灵感、统一步调、相互信任以及不断提高的长期重构能力鼓掌。他们常常会问："我们将这么多优秀人才聚在一起，还会有什么问题无法解决的呢，真后悔没能早点儿组织这一峰会。"

虽然欣赏式探询对某些人还比较陌生，但它能够很自然地展示所有人、所有团队的内在创造力和最好的一面。我们相信，有朝一日，许多领导者都会热衷于参与这种峰会，欣赏式探询峰会既有包容性，又能够凝心聚力，整合优势，虽然是大型峰会，但依然能享受开小会时的自如，就像"在自己的办公室"里，开一个8~10人的筹备会议一样。

我们慢慢明白了，人们其实并不抗拒去改变现状，他们抗拒的是自己被改变。如今，我们可以志存高远，以全面高效快捷的方式，建立相互信任，让每个人都成为自己生活的首席重构官，同时为后世子孙留下引以为傲的遗产。

不论是通过欣赏式探询峰会还是其他形式，有一点是必须明确的：要想在当今这个充满风险、紧密联系、暗潮涌动的世界中生存和发展，就必须将重构作为生活的常态。重构绝不是一次就可以的。现在，是时候重新思考我们的变革方式了。将重构作为新企业理论的基石，才能创建可再生的繁荣世界。

乔伊·伯顿，美国弗吉尼亚大学达顿商学院公益企业研究所执行主任；帮助达顿教职人员改变关于企业和资本主义的主流观点；获得了美国杨百翰大学的公共政策硕士学位和美国芝加哥大学布斯商学院的工商管理硕士学位。

金·卡梅伦，美国密歇根大学罗斯商学院管理与组织专业教授，美国密歇根大学教育学院高等教育专业教授；获得了美国杨百翰大学的学士和硕士学位，以及耶鲁大学的硕士和博士学位。

乌达扬·达尔，美国凯斯西储大学组织行为学专业博士生，研究方向为组织中的自我肯定发展；负责教授人力资源管理的本科课程。

约翰·埃尔金顿，企业家、顾问、作家；获得了三项学位；全球可持续发展运动的创始人之一；沃兰思风投的创始人和首席推介官；自1978年以来，合伙创办了四家共益企业，皆经营至今，包括1987年创办的"持久力"公司（SustainAbility）；曾在70多家企业董事会担任顾问；出版著作20本，最新著作是《绿天鹅：即将到来的再生型资本主义热潮》。

杰德·埃默森，在影响力投资和共益企业领域活跃了30多年；出版合著著作7本，包括第一本关于影响力的书《资本的使命》（*The Purpose of Capital*）；曾先后在哈佛大学、斯坦福大学和牛津商学院等一流大学担任教职。

本·弗里曼，音乐家、作家和企业家；在《麻省理工学院斯隆管理评论》《印度经济时报》等媒体上发表了多篇关于利益相关方思维和跨代问题的文章；曾就读于美国伯克利音乐学院；红羊唱片公司的创始人之一。

R·爱德华·弗里曼，美国弗吉尼亚大学达顿商学院教席教授；社会商业研究所主任；因在利益相关方理论和企业道德方面的卓越成果，获得了六个荣誉博士学位；利益相关方播客主播，由利益相关方媒体公司赞助；获奖著作《战略管理：利益相关者方法》（*Strategic Management: A Stakeholder Approach*）家喻户晓。

罗纳德·弗莱，美国凯斯西储大学组织行为学教授兼组织行为学系主任；出版著作11本；发表了50多篇论文；欣赏性探询理论的创始人之一。

玛嘉·霍克，三次担任过公司首席执行官；可持续商业领域全球知名思想领袖及作家，两次荣获畅销书金质奖，代表作为《新经济商业》（*New Economy Business*）和《价值万亿的管理转型：企业向善才是为商之道》（*The Trillion Dollar Shift: Business for Good Is Good Business*）；不论身在哪个岗位，她都一如既往地坚持，ESG贡献和财务绩效不是互斥的而是密切相关的这一思想。因对可持续发展做出了卓越贡献，被评选为"当代最具影响力的50名商业思想家"。

米歇尔·亨特，领导力和组织变革推动者、战略顾问，著有《创新变革：做创造更大利益的造梦者》（*DreamMakers: Innovating for the Greater Good*）。

纳文·贾恩，获奖著作《登月：构建一个丰富世界》（*Moonshots: Creating a World of Abundance*）。作为一名连续创业者，他创建了信息空间（InfoSpace）、因特留（Intelius）和天赋异禀（TalentWise）等公司，目前经营肠道微生物检测机构维奥姆和私人航天企业月球快车。他被安永公司评为"年度企业家"，被《快公司》杂志评为"最佳创意者"，还获得了《红鲱鱼》杂志授予的"20大企业家"和"领导力终身成就奖"。

罗莎贝斯·莫斯·坎特，哈佛商学院工商管理教席教授，主要研究企业战略、创新以及变革的领导艺术；新作《打开格局：高级领导者如何通过步步创新来改变世界》广受好评；曾任《哈佛商业评论》主编，多次被《泰晤士报》评选为"全球最具影响力的50位商界女性"，被全球管理思想者50强评选为"当代最具影响力的50名商业思想家"，并于2019年11月获得两年一度的"终身成就奖"；获得了24个荣誉博士学位，多次荣获领导力、终身成就等奖项。

安德鲁·卡索伊和巴特·胡拉汉，于2006年与杰伊·科恩·吉尔伯特共同创立了非营利组织共益实验室（B Lab）①，在33个国家设有办事处，旨在推动经济体制变革，建立一个更加包容、公平和再生型经济体系，推动共益企业认证（目前已在70多个国家有3800多家共益认证企业），用微光为企业领导者指路，参与企业向善运动。

马克·R. 克莱默，著名研究员、作家、演说家、企业顾问，专注于慈善事业、社会影响力企业战略和影响力投资领域；聚焦创造共享价值、集体影响力和推动慈善事业等主题，在《哈佛商业评论》和《斯坦福社会创新评论》上发表了多篇开创性文章，广为人知；1999年，与迈克尔·波特教授共同创立了FSG咨询公司；毕业于美国布兰迪斯大学、美国弗吉尼亚大学沃顿商学院和宾夕法尼亚大学法学院。

克里斯·拉兹洛，美国凯斯西储大学韦瑟黑德管理学院组织行为学教授，主要研究、讲授企业繁荣相关课程；著作包括《量子领导力：商业新意识》（*Quantum Leadership*）、《蓬勃发展的企业》（*Flourishing Enterprise*）、《内化可持续发展》（*Embedded Sustainability*）和《可持续价值》（*Sustainable Value*），均由斯坦福大学出版社出版；2012年，被全美信任组织

---

① 共益实验室（B Lab）是成立于2006年的非营利组织，为营利性组织与公司授予"共益企业"认证。——编者注

评选为"可信赖企业行为方面前100名思想领袖"。

吉莉安·M. 马塞尔，博士，管理适应力（Resilience）资本投资公司，专注于混合金融投资咨询服务；在共同利益市场引资以及合作框架设计方面颇有成就，曾就职于国际金融公司、摩根大通公司资本市场部和英国电信公司并购部；目前担任南非金融科技公司塔法里资本（Tafari Capital）的非执行董事；曾获得南非约翰内斯堡威茨商学院副教授终身教职。

罗杰·L. 马丁，被全球管理思想者50强评为2017年全球管理思想家，并排名第一；新作《失衡的美国：资本主义经济的效率陷阱》（*When More Is Not Better: Overcoming America's Obsession with Economic Efficiency*）由哈佛商业评论出版社于2020年出版，另有11本著作，包括与宝洁总裁雷富礼（A. G. Lafley）合著的《宝洁制胜战略》（*Playing to Win*），获全球管理思想者50强颁发的2012—2013年度最佳图书奖；1979年在哈佛大学获得了经济学学士学位，1981年在哈佛商学院获得了工商管理硕士学位。

伊格纳西奥·帕维斯，智利德萨罗洛大学商业和经济学院的助理教授；教授组织发展和变革、团队发展、领导力、欣赏式探询和企业可持续发展的本科及研究生课程；在美国凯斯西储大学获得了组织行为学博士学位。

保罗·波尔曼，共益企业想象力公司主席，致力于动员企业界领导者解决气候变化和全球不平等问题；牛津大学赛德商学院共益团队主席；全球首席执行官网络"全球价值人物500强"主席；国际商会和世界企业永续发展委员会名誉主席；联合国全球契约组织副主席；联合利华公司前总裁，用十年时间身体力行地证明了，长期多利益相关者经营模式与出色的财务业绩密切相关。

理查德·罗伯茨，沃兰思风投探寻工作负责人；在过去十年中，多次参与从金融机构到重工企业的战略制定和转型项目；自2018年起，在沃兰思风投负责明天资本主义项目，调研企业和金融机构在促进经济复苏和可再生发展、打造未来市场中的作用。

路易丝·凯勒鲁普·罗珀，沃兰思风投首席执行官；成功企业家，致力于创新企业研究，开创了"从摇篮到摇篮"的循环商业模式；重构沃兰思，推出了多项领导力倡议，包括明天资本主义探询、再生转型架构、银行家净零倡议等；为多家知名企业提供转型咨询服务；在全球多家咨询机构任职。

约翰·施罗德，技术媒体领域企业家；《冲击之后》（*After Shock*）编辑，该书是纪念阿尔文·托夫勒（Alvin Toffler）的主要作品《未来的冲击》50周年的里程碑式著作；丰裕世界研究所的行政董事，成员包括世界顶尖技术专家、未来学家和企业家，连点成面，共同畅想美好未来。

拉吉·西索迪亚，美国巴布森学院特聘教授；全食超市市场研究学者；代表作包括《纽约时报》排行榜畅销书《伟大企业的四个关键原则》（*Conscious Capitalism: Liberating the Heroic*

Spirit of Business）和《华尔街日报》排行榜畅销书《共情：觉醒商业的管理》（*Everybody Matters*），另有出版著作15本；被全球好企业组织（Good Business International）评为"2010年全球十大杰出开拓者"之一；在美国哥伦比亚大学获得了商科博士学位。

安德鲁·温斯顿，全球公认的大趋势和企业向善专家；2020年被全球管理思想者50强评为"最值得关注的思想家"；其企业战略的观点受到众多世界领先公司的追捧；与大名鼎鼎的保罗·波尔曼合著新书《净正效应：勇敢的企业如何通过付出大于索取走向繁荣》，此外还有多本畅销书；在普林斯顿大学、美国哥伦比亚大学和耶鲁大学分别获得了经济学、商业和环境管理学位。

纳迪娅·赫谢姆巴耶娃，在美国创办了以研究、教育和咨询为一体的企业重构学院（Reinvention Academy）；可口可乐公司前董事长；斯洛文尼亚国际发展管理中心布莱德管理学院可持续发展首席教授；新书《首席重构官手册：如何在乱世中兴旺发达》（*The Chief Reinvention Officer Handbook: How to Thrive in Chaos*）获得了2021年Axiom年度商业图书奖；其他著作包括《过度捕捞：海洋战略为资源匮乏的世界提供创新动力》（*Overfished Ocean Strategy: Powering Up Innovation for a Resource-Deprived World*）和《内化可持续性：下一个巨大的竞争优势》（*Embedded Sustainability: The Next Big Competitive Advantage*）。

第五届全球商业论坛（The Fifth Global Forum for Business）于2021秋天举行。本书是为成千上万的与会者准备的礼物，他们当中，有企业高管、管理系学生、未来的年轻领导者、民间企业家、变革推动者、可持续发展设计者、管理学教育者以及思想领袖。

2006年10月14日，美国凯斯西储大学韦瑟黑德管理学院与联合国全球契约组织一道，联合发起并主办了全球商业论坛系列活动。现在，该活动已发展成为全球最大的企业可持续发展平台，不仅有12000家企业参与其中，还吸引了多家管理学院，管理组织学方面的知名学者和协会，以及遍布130个国家的20000多名管理学者。论坛旨在汇聚优秀理论，分享前沿创新实践，让企业的高级管理层与最优秀的企业研究学者有机会对话交流。论坛的首位主旨发言人、21世纪最先进的策略思想家之一普哈拉（C. K. Prahalad）博士将其形容为"明天领导力学院"。这一系列论坛活动是为了在生活中实现再生型经济，最终实现"全面繁荣"，也就是创建一个企业兴旺、人人发达、自然繁茂、世代延续的世界。

本书得以出版，要感谢来自三方面的支持。

首先，这本书和美国凯斯西储大学韦瑟黑德管理

致谢

学院渊源颇深。当年，联合国秘书长科菲·安南（Kofi Annan）向我们发出邀请，主办史上最大规模的联合国与企业领袖的峰会。峰会的顺利召开，也让联合国全球契约组织进入了加速发展时期。该项目的潜力巨大，引起了查克·福勒（Chuck Fowler）的注意。福勒是费尔蒙特矿业公司的联合创始人和前总裁，兼美国凯斯西储大学董事会主席。在我们有幸认识的人当中，他是最优秀的个人和企业领导者之一。他用自己的家族基金会对峰会提供了财政赞助，因为该基金会的初衷，就是为了改善人们的生活。他们为美国凯斯西储大学提供的转型资助，促成了福勒企业向善中心（Fowler Center for Business as an Agent of World Benefit）的成立。本书也好，全球商业论坛系列活动也好，都是在此基础上才得以成型的。今天，该中心在钱恩·福勒·斯佩尔曼（Chann Fowler–Spellman）和霍利·福勒·马丁斯（Holley Fowler Martens）的领导下，取得了累累硕果。我们对查克·福勒深表感激。另外，我们也想尽自己的绵薄之力，将他对年轻一代的企业领导者的善心和信心发扬下去。他说过："教育很伟大，充满无穷的力量，尤其是那种能够让学生和未来领导人一心向善的教育，帮助人们坚持正确的价值观，以行善作为一生追求，为全人类和地球的共同利益而奋斗。"

其次，我们要感谢哈里·哈洛兰（Harry Halloran）提出的"企业向善、世界更美"的愿景，同时感谢哈洛兰慈善会对本书的大力支持。在他们的资助下，本书完成了内容采编，形成了可能是全球最大的企业和社会创新研究数据库。学生们与来自全球各地的开拓性企业领袖展开对话，进行了将近4000次的"企业向善"采访，发表了3000多个相关案例。不论过去还是现在，哈里·哈洛兰都是一位有魄力且坚持以价值为导向的企业向善运动的领导者。此外，哈洛兰慈善会前主席托尼·卡尔（Tony Carr）也是本书的灵感来源之一，他极具远见卓识。我们常常与他交流思想，废寝忘食。他将自己的总裁之位交给了布莱恩·哈洛兰（Brian Halloran），一位未来学家。而布莱恩·哈洛兰也对本书产生了深刻共鸣，希望帮助到那些能够适应未来、重构未来的企业。我们还要感谢为本次新企业理论项目提供慷慨资助的美国圣托马斯大学，该校一直是企业责任、道德和领导力研究方面的一流院校。

再次，我们要感谢所有合作伙伴。贝尔特科勒出版社（Berrett-Koehler Publishers）负责出版本书的出版工作，同时也是本次全球商业论坛的共同主办方。他们的使命是将人和想法联系起来，创造一个对所有人有益的世界，与本书主旨完全吻合。他们相信，寻找解决全球最大挑战的方案时必须集思广益，当我们为了爱、关心和奉献而付出时，一定会比那些争强好胜的人获得更好的结果。在此，我们要感谢贝尔特科勒出版社的创始人史蒂夫·皮尔桑蒂（Steve Piersanti），是他鼓励我们追求更大的梦想和更美好的世界。我们与出版社的合作非常愉快，每个人都是真正的专家，包括总裁和首席执行官戴维·马歇尔（David Marshall），本书的专职编辑安娜·莱恩伯格（Anna Leinberger），以及BK（Berrett Koehler）数字峰会团队的凯莉·约翰斯顿（Kylie Johnston）和佐伊·麦基（Zoe Mackey）。我们对福勒企业向善中心团队的杰出工作表示衷心感谢，感谢顾问委员会的每一个人，所有合作的同事，尤其是福勒企业向善中心的主任梅根·布切特（Megan Buchter）和中心的联络员约瑟夫·比安奇尼（Joseph Bianchini）。此外，我们还要感谢美国凯斯西储大学韦瑟黑德管理学院的院长马诺伊·马霍尔特拉（Manoj Maholtra），他一直为企业向善大声疾呼，一直对我们的工作给予支持。而最重要的是，我们常常感叹自己生来有福，才能与这样优秀的人共事。本书中的作者，全都是我们这个时代最伟大的思想领袖。他们为创建更美好的世界提供了洞见、灵感和实实在在的希望。

最后，我们想将此书献给哈里·哈洛兰和托尼·卡尔。很少有人能像哈里·哈洛兰那样，一辈子致力于发展和投资服务于社区的企业，而且说到做到。他们通过实践，兑现了他们对支持企业积极价值观的承诺，激励了包括我们在内的许多人。

哈里·哈洛兰出于他的远见和善心，最先为该项目提供了灵感，并予以大力资助。他是一名德高望重的企业领导者、慈善家和影响力投资者。在筹备本项目的过程中，他资助了一项世界级的、关于人类福祉历史的实证研究。从许多方面看，本书都是该项目的一个延续，重点在于如何发挥企业向善的巨大潜力。哈里·哈洛兰坚信，工作应该有尊严，人类社会应该团结，道德和利益相关者应该与经济体制相结合，积极向善能够推动企业创新和企业家精神，这些全都是本书所探讨的问题、灵感和价值的根本目标。他一直在积极推广企业向善运动，是一位有魄力、重价值的领导者。

*

同时，我们还想将此书献给我们的家人，尤其是我们的子孙后代。奥黛丽·塞利安想将此书献给她的丈夫马尔迪·马蒂安（Mardit Matian），她的孩子拉斐尔·马西斯（Raphael Masis）和玛雅·亚历山德拉·盖亚内（Maya Alessandra Gayané），以及她的父母亚历山大（Alexander）和阿妮（Ani）。此书还要献给辛格家族，特别是汤姆·辛格（Tom Singh），感谢他提供了机会，让我们学习了解企业创造的积极影响价值和真实能量。戴维·库佩德想将此书献给他与南希·库佩德（Nancy Cooperrider）的两个孙子雨果·戴维·里昂（Hugo David Lyons）和里维尔·伯基·库佩德（Reverie Burkey Cooperrider），两个孩子都是在写书的期间出生的，他们的诞生提醒着我们地球上生命的奇迹。

戴维·库佩德、奥黛丽·塞利安

美国凯斯西储大学，2021年